RECUEIL

DE

MORCEAUX DE CONCERTS

PUBLIÉ PAR LA

SOCIÉTÉ-GALIN-PARIS-CHEVÉ DE PARIS.

Chaque Livraison de 16 pages in-8.

Prix net : 40 c.

A PARIS,

AU SIÉGE DE LA SOCIÉTÉ, RUE-NEUVE-DES-BONS-ENFANTS 5.

RÉPERTOIRE

DE

L'ÉCOLE GALIN-PARIS-CHEVÉ

PUBLIÉ

Par la Société Galin-Paris-Chevé, de Paris. *

LE CHEMIN DE FER,

Paroles d'Aimé PARIS,   **Musique de ROSSINI.**

(Tiré du *Turc en Italie.*)

N° **1**

$\binom{6}{5}$ Ton d'UT. *(Allegro vivace.)*

* Voyez la note explicative au bas de la page 6.

17062

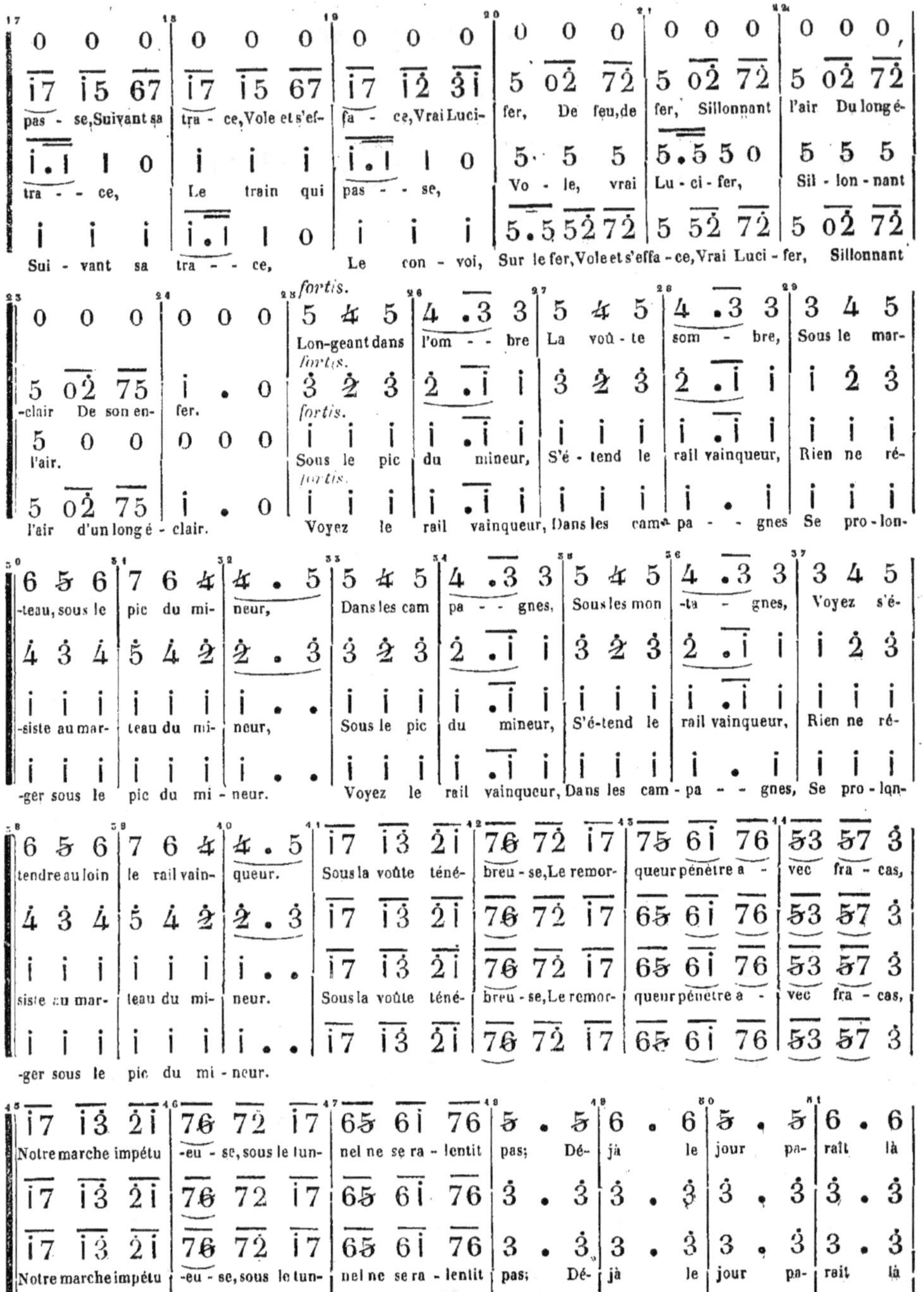

| 17 | 15 67 | 17 | 15 67 | 17 | 12 31 |
| pas - se,Suivant sa | tra - ce,Vole et s'ef- | fa - ce,Vrai Luci- |

i̇.i̇ i 0 | i̇ i̇ i | i̇.i̇ i 0
tra - - ce, | Le train qui | pas - - se,

i̇ i̇ i | i̇.i̇ i 0 |
Sui - vant sa tra - - ce, | Le con - voi,

5 02 72 | 5 02 72 | 5 02 72 ,
fer, | De feu,de fer, | Sillonnant l'air Du long é-

5· 5 5 | 5.5 50 | 5 5 5
Vo - le, | vrai Lu - ci - fer, | Sil - lon - nant

5.5 52 72 | 5 52 72 | 5 02 72
Sur le fer,Vole et s'effa - ce,Vrai Luci - fer, Sillonnant

| 0 0 0 | 0 0 0 | 5 4 5 | 4 .3 3 | 5 4 5 | 4 .3 3 | 3 4 5 |
fortis.
| Lon-geant dans | l'om - - bre | La voû - te | som - bre, | Sous le mar-

5 02 75 | i̇ . 0 | 3 2 3 | 2 .i̇ i | 3 2 3 | 2 .i̇ i | i 2 3
fortis.
-clair De son en- | fer. | Sous le pic du mineur, S'é - tend le rail vainqueur, Rien ne ré-

5 0 0 | 0 0 0 | i i i | i .i i | i i i | i .i i | i i i
l'air. | | Sous le pic du mineur, S'é-tend le rail vainqueur, Rien ne ré-

5 02 75 | i̇ . 0 | i i i | i .i i | i i i | i . i | i i i
l'air d'un long é - clair. | Voyez le rail vainqueur, Dans les cam- pa - - gnes Se pro-lon-

| 6 5 6 | 7 6 4 | 4 . 5 | 5 4 5 | 4 .3 3 | 5 4 5 | 4 .3 3 | 3 4 5 |
-teau,sous le | pic du mi- | neur, | Dans les cam pa - - gnes, | Sous les mon -ta - gnes, | Voyez s'é-

4 3 4 | 5 4 2 | 2 . 3 | 3 2 3 | 2 .i̇ i | 3 2 3 | 2 .i̇ i | i 2 3
-siste au mar- | teau du mi- | neur, | Sous le pic du mineur, S'é-tend le rail vainqueur, Rien ne ré-

i i i | i i i | i . . | i i i | i .i i | i i i | i .i i | i i i
-siste au mar- | teau du mi- | neur, | Sous le pic du mineur, S'é-tend le rail vainqueur, Rien ne ré-

i i i | i i i | i . . | i i i | i .i i | i i i | i . i | i i i
-ger sous le | pic du mi - neur. | Voyez le rail vainqueur, Dans les cam- pa - - gnes, Se pro-lon-

| 6 5 6 | 7 6 4 | 4 . 5 | 17 13 21 | 76 72 17 | 75 61 76 | 53 57 3 |
tendre au loin | le rail vain- | queur. | Sous la voûte téné- | breu - se,Le remor- | queur pénètre a - | vec fra - cas,

4 3 4 | 5 4 2 | 2 . 3 | 17 13 21 | 76 72 17 | 65 61 76 | 53 57 3
-siste au mar- | teau du mi- | neur. | Sous la voûte téné- | breu - se,Le remor- | queur pénètre a - | vec fra - cas,

i i i | i i i | i . . | 17 13 21 | 76 72 17 | 65 61 76 | 53 57 3
-ger sous le | pic du mi - neur. | Sous la voûte téné- | breu - se,Le remor- | queur pénètre a - | vec fra - cas,

| 17 13 21 | 76 72 17 | 65 61 76 | 5 . 5 | 6 . 6 | 5 . 5 | 6 . 6 |
Notre marche impétu | -eu - se,sous le tun- | nel ne se ra - lentit | pas; | Dé- jà | le jour | pa- raît là

17 13 21 | 76 72 17 | 65 61 76 | 3 . 3 | 3 . 3 | 3 . 3 | 3 . 3

17 13 21 | 76 72 17 | 65 61 76 | 3 . 3 | 3 . 3 | 3 . 3 | 3 . 3
Notre marche impétu | -eu - se,sous le tun- | nel ne se ra - lentit | pas; | Dé- jà | le jour | pa- raît là

17 13 21 | 76 72 17 | 65 61 76 | 7 . 7 | i . i | 7 . 7 | i . i

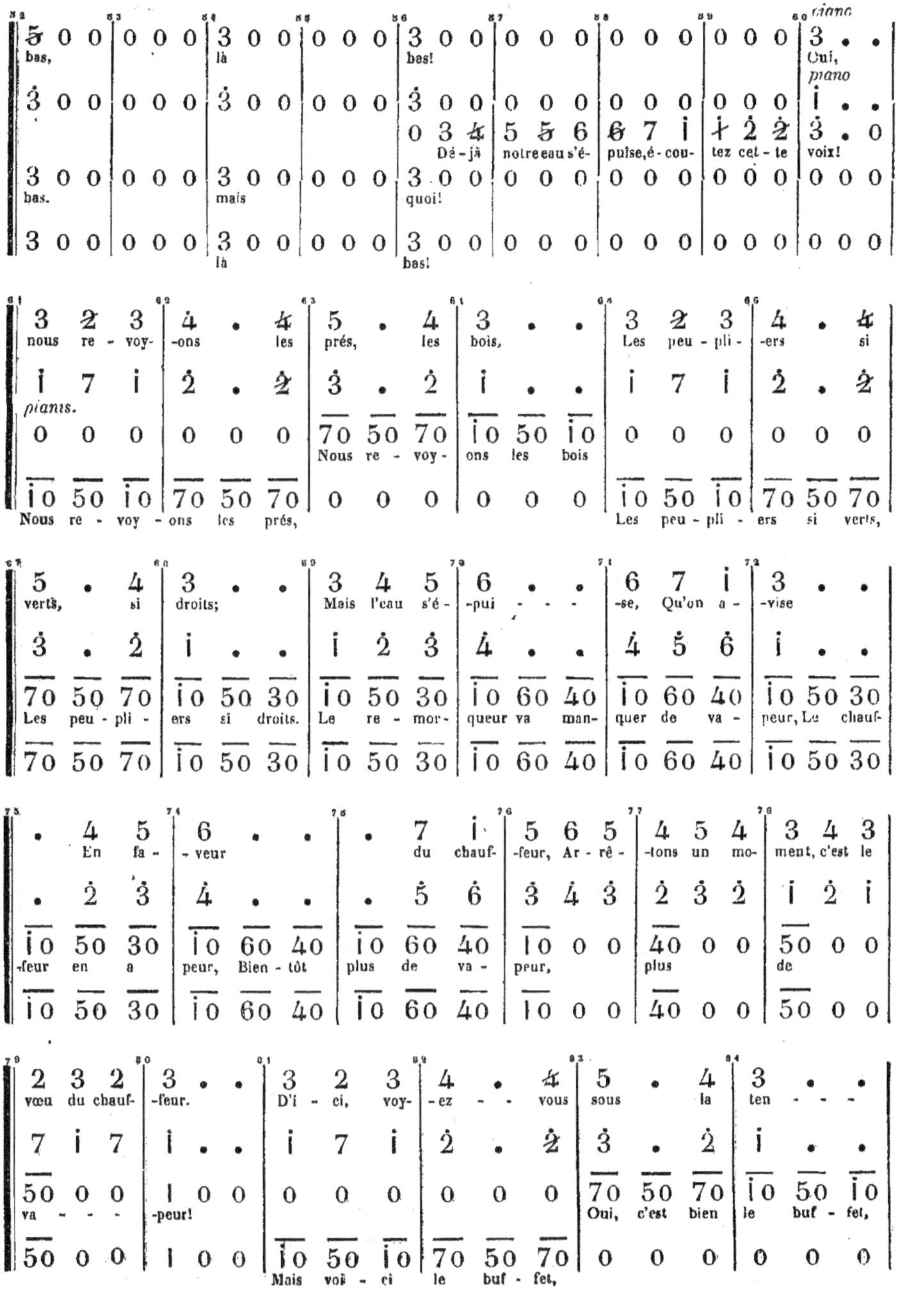

bas,   là   bas!   Oui, *piano*

bas.   mais   quoi!

Dé-jà notre eau s'é- puise, é-cou- tez cet - te voix!

là   bas!

nous re - voy- -ons les prés, les bois, Les peu-pli- -ers si

pianis.

Nous re - voy- ons les bois

Nous re - voy - ons les prés, Les peu-pli - ers si verts,

verts, si droits; Mais l'eau s'é- -pui - - -se, Qu'on a - -vise

Les peu-pli - ers si droits. Le re-mor-queur va man- quer de va - peur, Le chauf-

En fa - -veur du chauf- -feur, Ar- rê- -tons un mo- ment, c'est le

-feur en a peur, Bien - tôt plus de va - peur, plus de

vœu du chauf- -feur. D'i - ci, voy- -ez - - vous sous la ten - - -

va - - - -peur!

Oui, c'est bien le buf - fet,

Mais voi - ci le buf - fet,

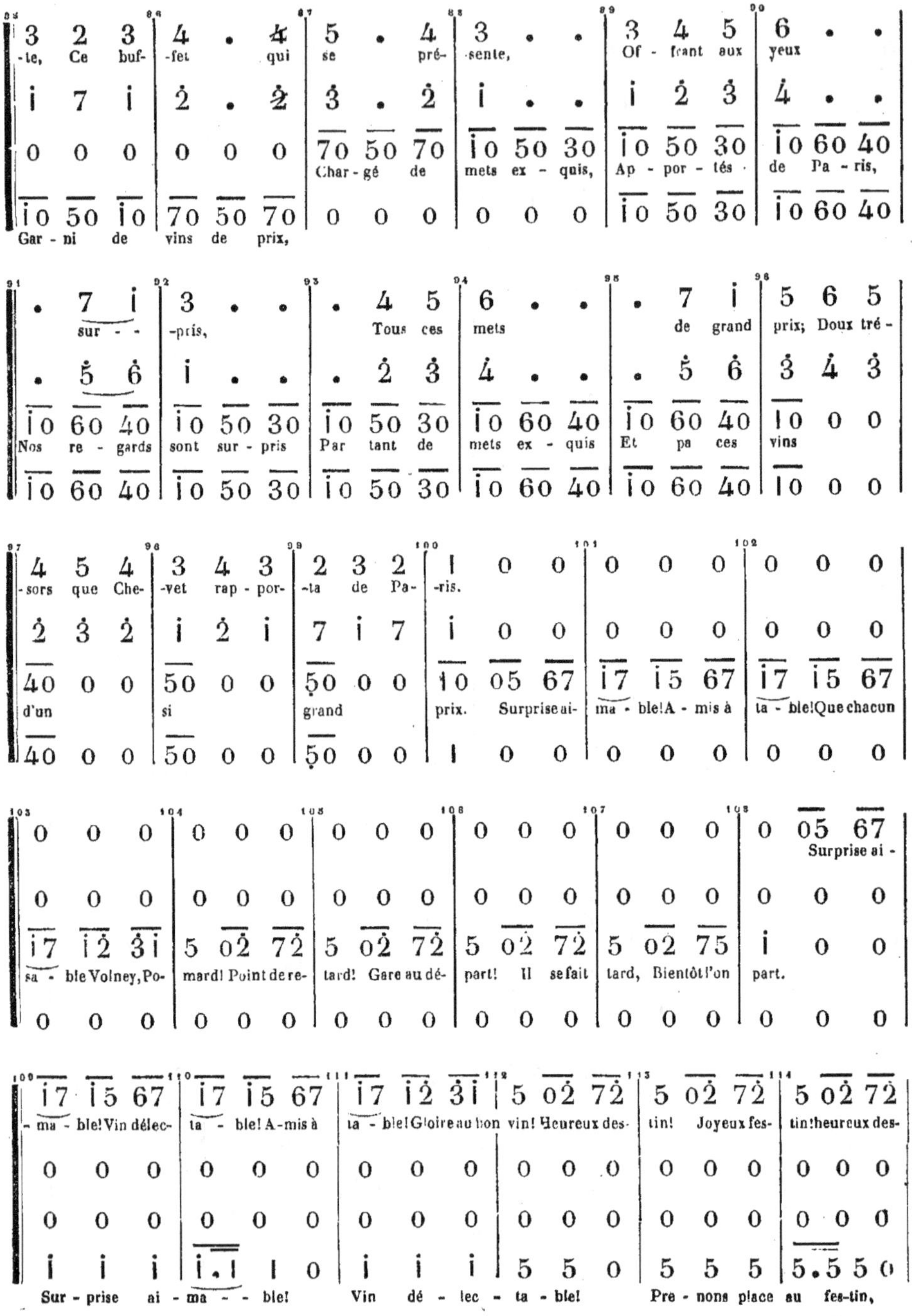

-te, Ce buf- -fet qui se pré- sente, Of- frant aux yeux
Char- gé de mets ex - quis, Ap- por- tés de Pa- ris,
Gar - ni de vins de prix,

sur- -pris, Tous ces mets de grand prix; Doux tré-
Nos re - gards sont sur- pris Par tant de mets ex - quis Et pa ces vins

-sors que Che- -vet rap - por- -ta de Pa- -ris.
d'un si grand prix. Surprise ai- ma - ble! A - mis à ta - ble! Que chacun

sa - ble Volney, Po- mard! Point de re- tard! Gare au dé- part! Il se fait tard, Bientôt l'on part.
Surprise ai -

- ma - ble! Vin délec- ta - ble! A - mis à ta - ble! Gloire au bon vin! Heureux des- tin! Joyeux fes- tin! heureux des-
Sur - prise ai - ma - - ble! Vin dé - lec - ta - ble! Pre - nons place au fes- tin,

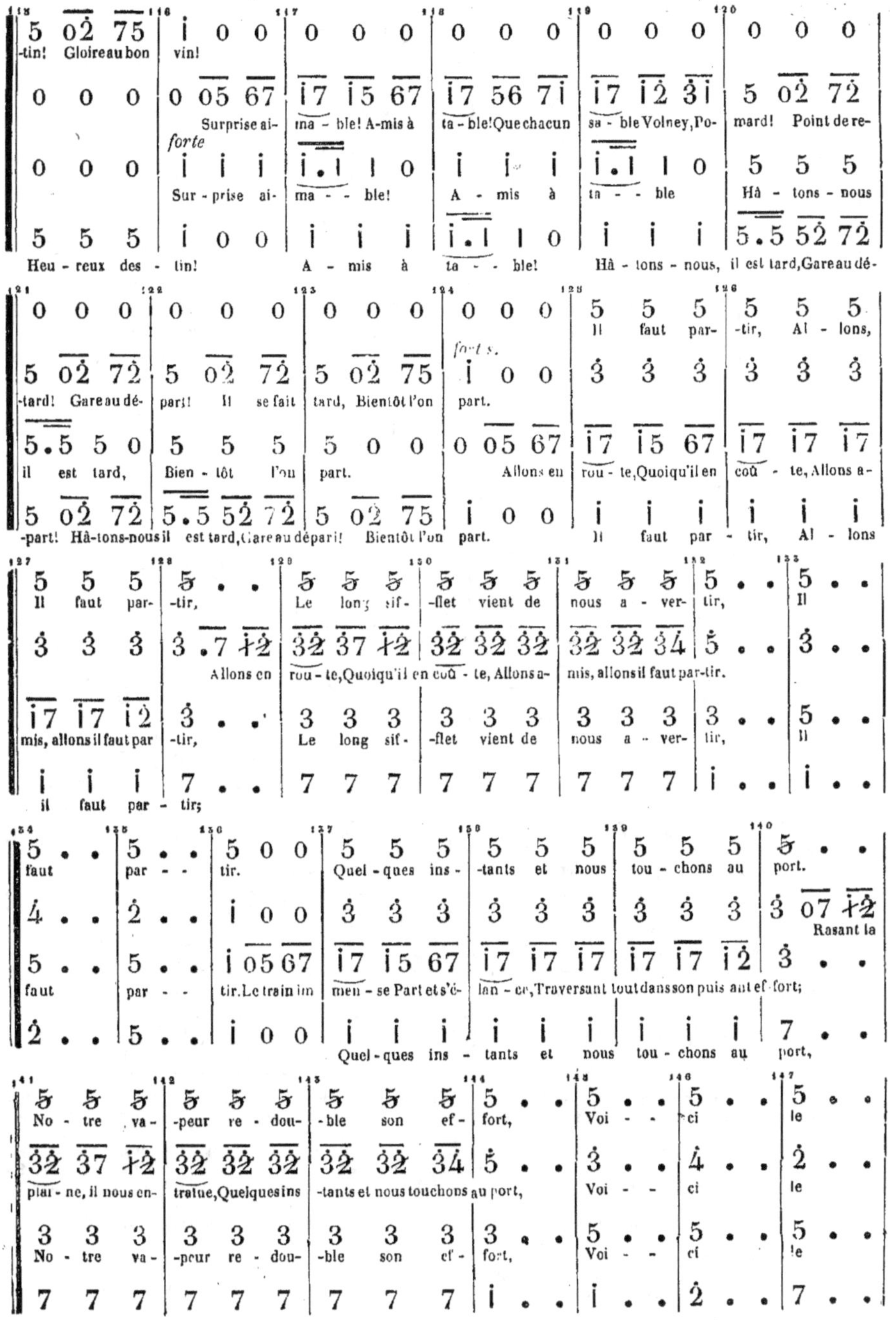

-tin! Gloire au bon vin!
forte
Surprise ai- ma - ble! A-mis à ta - ble! Que chacun sa - ble Volney, Po- mard! Point de re-
Sur - prise ai- ma - - ble! A - mis à ta - - ble Hâ - tons - nous
Heu - reux des - tin! A - mis à ta - - ble! Hâ - tons - nous, il est tard, Gare au dé-

Il faut par -tir, Al - lons,
forts.
-tard! Gare au dé- part! Il se fait tard, Bientôt l'on part.
il est tard, Bien - tôt l'on part. Allons en rou - te, Quoiqu'il en coû - te, Allons a-
-part! Hâ-tons-nous il est tard, Gare au départ! Bientôt l'on part. Il faut par - tir, Al - lons

Il faut par- -tir, Le long sif- -flet vient de nous a - ver- tir, Il
Allons en rou - te, Quoiqu'il en coû - te, Allons a- mis, allons il faut par-tir.
mis, allons il faut par -tir, Le long sif- -flet vient de nous a - ver- tir, Il
il faut par- tir;

faut par - - tir. Quel - ques ins - -tants et nous tou - chons au port.
Rasant la
faut par - - tir. Le train im men - se Part et s'é- lan - ce, Traversant tout dans son puis ant ef- fort;
Quel - ques ins - tants et nous tou - chons au port,

No - tre va- -peur re - dou- -ble son ef- fort, Voi - - ci le
plai - ne, il nous en- traîne, Quelques ins -tants et nous touchons au port, Voi - - ci le
No - tre va- -peur re - dou- -ble son ef- fort, Voi - - ci le

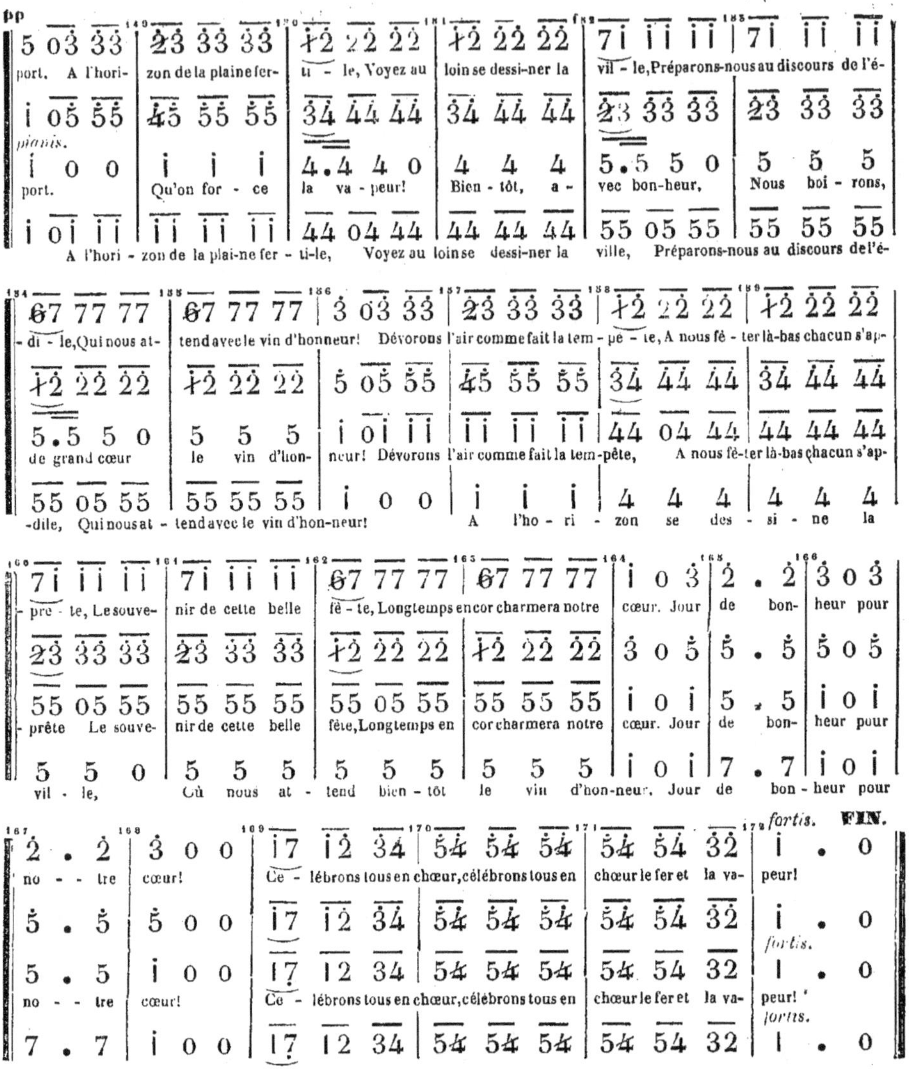

* La différence de format ne permettant pas de relier les livraisons *du Répertoire* publié par la Société, avec les trois livraisons éditées par M. Vialon, nous avons cru devoir reprendre le n° 1 pour la série des morceaux et pour la pagination.

Deux améliorations importantes viennent d'être ajoutées, par M. Émile Chevé, à la typographie musicale en chiffres dont il a créé le système et fait graver les poinçons pour l'impression de ses **huit cent duos gradués**; d'abord les *liaisons* ou *coulés* pour l'union des paroles et de la musique, puis les signes d'accroissement ou de diminution d'intensité des sons appliqués à des phrases entières.

Les exigences de la typographie ont rendu quelque fois nécessaire, pour les paroles, l'abréviation de quelques mots que complétera facilement l'intelligence du Lecteur.

Paris, 12 novembre 1851.

Le président de la commission de publication,
AIMÉ PARIS.

Le secrétaire,
F. VIALAY.

CHŒUR DE CORISANDRE,

Ton de MEU. (M.M. 108.) MUSIQUE DE BERTON.

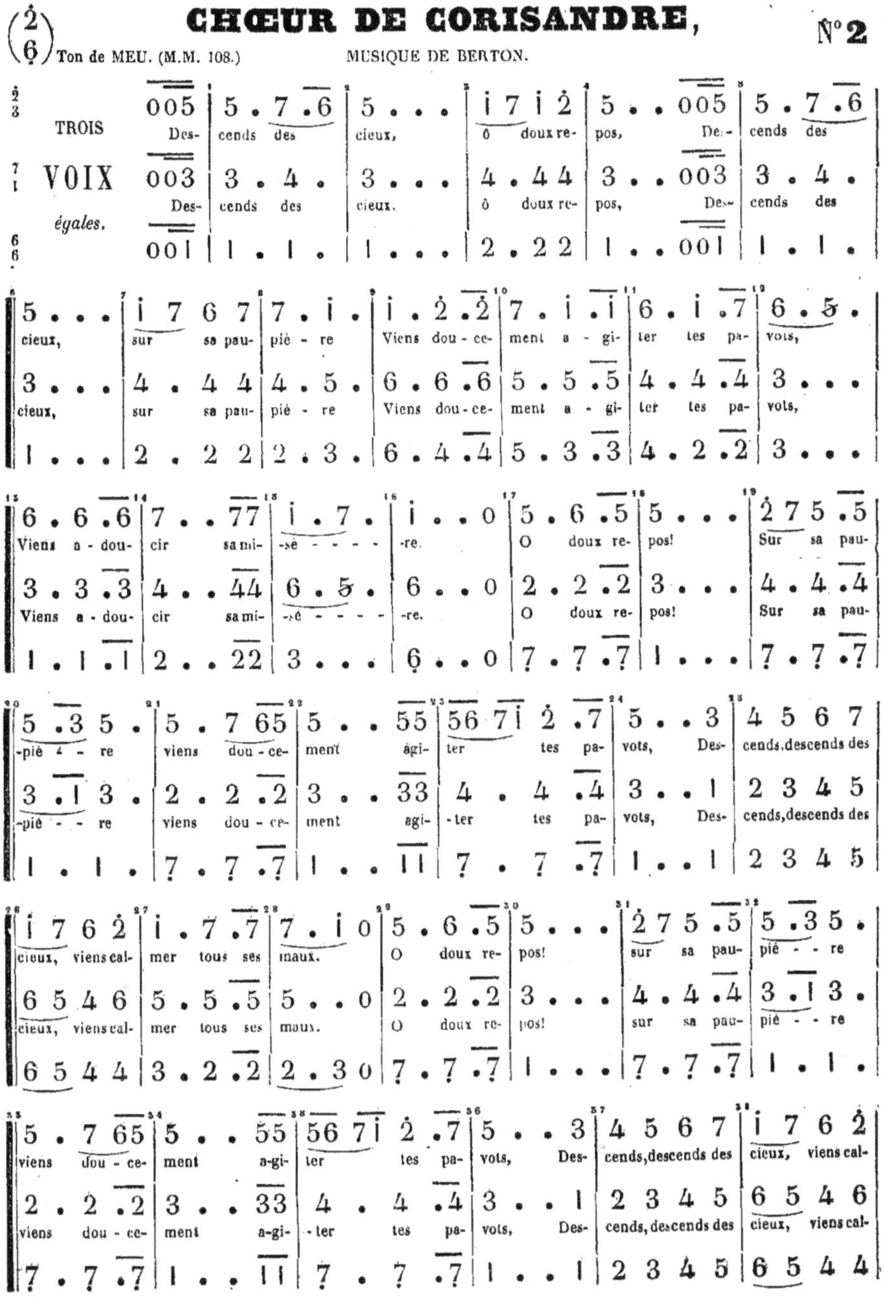

N° 2

TROIS VOIX égales.

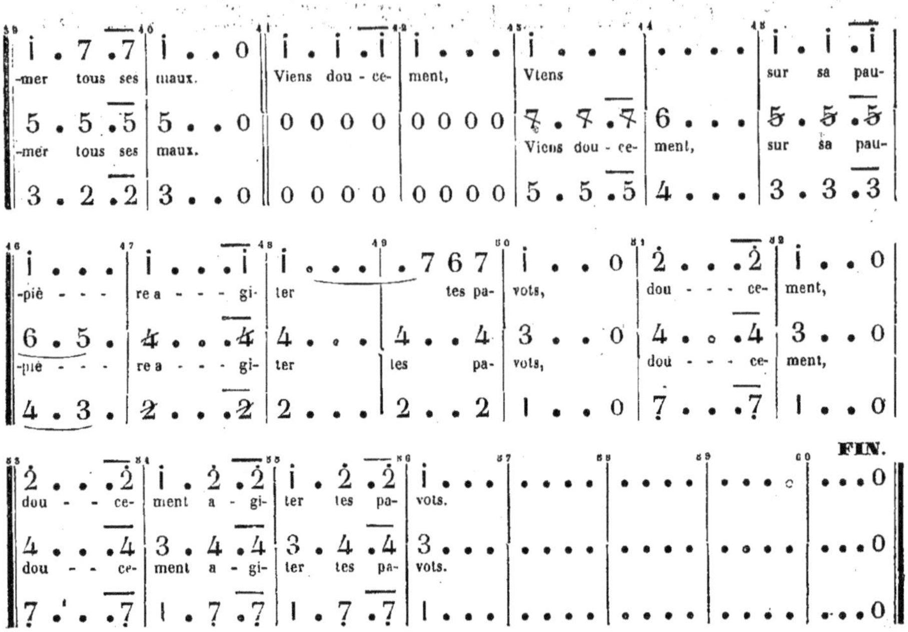

-mer tous ses maux. Viens dou - ce- ment, Viens sur sa pau-
-mer tous ses maux. Viens dou - ce- ment, sur sa pau-

-piè - - re a - - gi- ter tes pa- vots, dou - - ce- ment,
-piè - - re a - - gi- ter les pa- vots, dou - - ce- ment,

dou - - ce- ment a - gi- ter tes pa- vots.
dou - - ce- ment a - gi- ter les pa- vots.

FIN.

LE MAL DU PAYS,

Paroles d'Aimé PARIS,　　　　**Musique de BELLINI.**

(Tiré de l'opéra: *La Straniera.*)

N° **3**

Ton de LA. (*Allegro animato*)

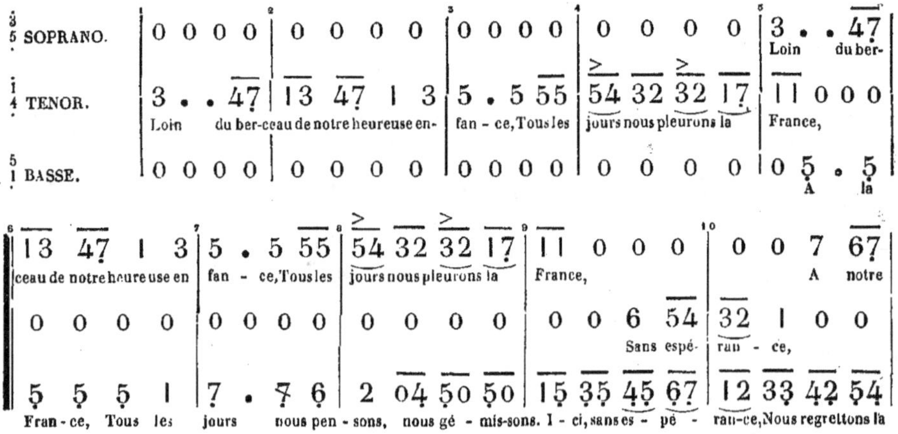

SOPRANO.

TENOR. Loin du ber-ceau de notre heureuse en- fan - ce, Tous les jours nous pleurons la France,

BASSE. A la

ceau de notre heureuse en- fan - ce, Tous les jours nous pleurons la France, A notre

Sans espé- ran - ce,

Fran - ce, Tous les jours nous pen - sons, nous gé - mis-sons. I- ci, sans es - pé - ran-ce, Nous regrettons la

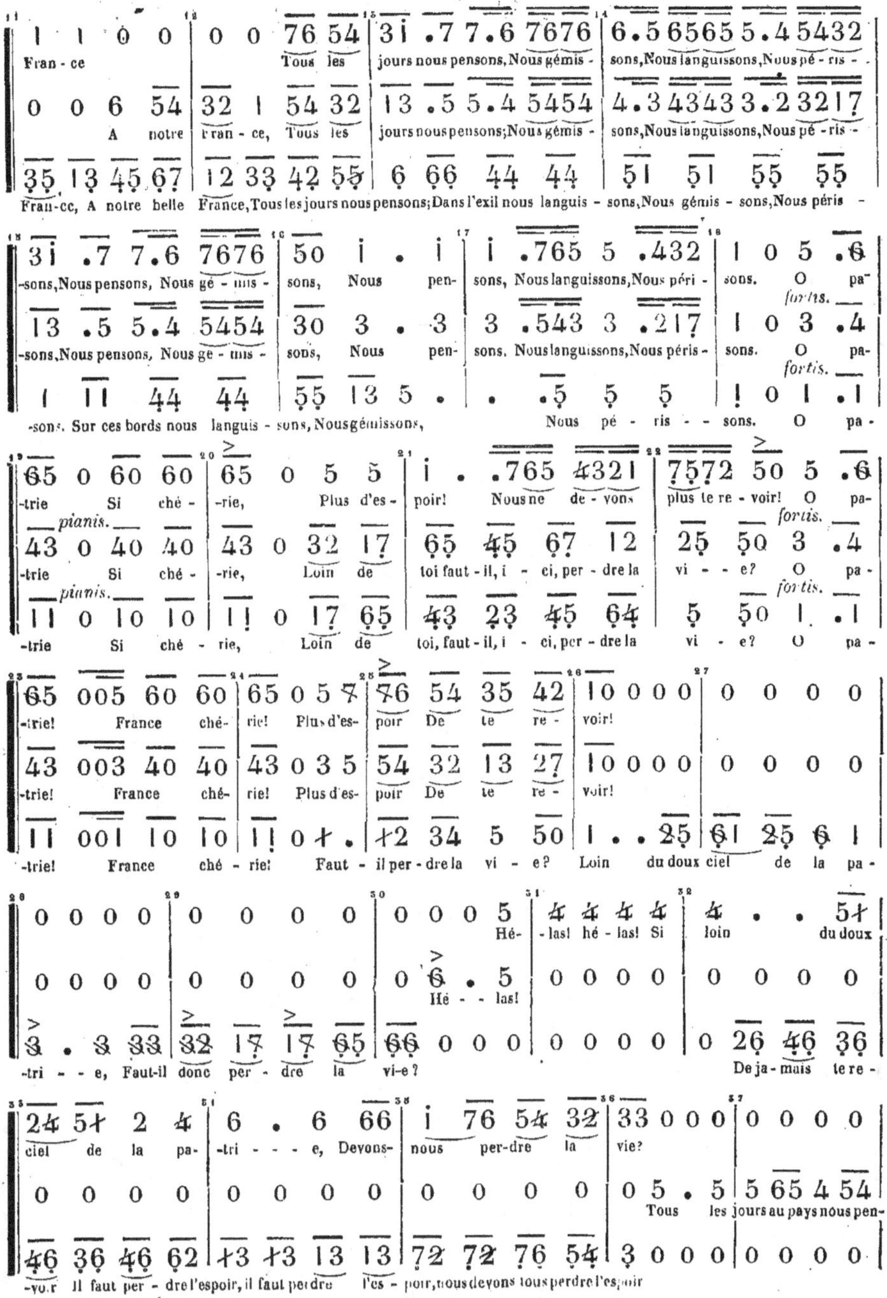

Fran - ce
Tous les jours nous pensons, Nous gémis - sons, Nous languissons, Nous pé - ris -

A notre Fran - ce, Tous les jours nous pensons; Nous gémis - sons, Nous languissons, Nous pé - ris -

Fran - ce, A notre belle France, Tous les jours nous pensons; Dans l'exil nous langui - sons, Nous gémi - sons, Nous péris -

-sons, Nous pensons, Nous gé - mis - sons, Nous pen - sons, Nous languissons, Nous péri - sons. O pa-
fortis.

-sons, Nous pensons, Nous gé - mis - sons, Nous pen - sons. Nous languissons, Nous péris - sons. O pa-
fortis.

-sons. Sur ces bords nous langui - sons, Nous gémissons, Nous pé - ris - - sons. O pa-

-trie Si ché - -rie, Plus d'es - poir! Nous ne de - vons plus te re - voir! O pa-
pianis. *fortis.*

-trie Si ché - -rie, Loin de toi faut - il, i - ci, per - dre la vi - - e? O pa-
pianis. *fortis.*

-trie Si ché - rie, Loin de toi, faut - il, i - ci, per - dre la vi - e? O pa-

-trie! France ché - rie! Plus d'es- poir De te re - voir!

-trie! France ché - rie! Plus d'es- poir De te re - voir!

-trie! France ché - rie! Faut - il per - dre la vi - e? Loin du doux ciel de la pa-

Hé- -las! hé - las! Si loin du doux

Hé - - las!

-tri - - e, Faut-il donc per - dre la vi - e? De ja - mais te re -

ciel de la pa- -tri - - - e, Devons- nous per-dre la vie?

Tous les jours au pays nous pen-

-voir il faut per - dre l'espoir, il faut perdre l'es - poir, nous devons tous perdre l'espoir

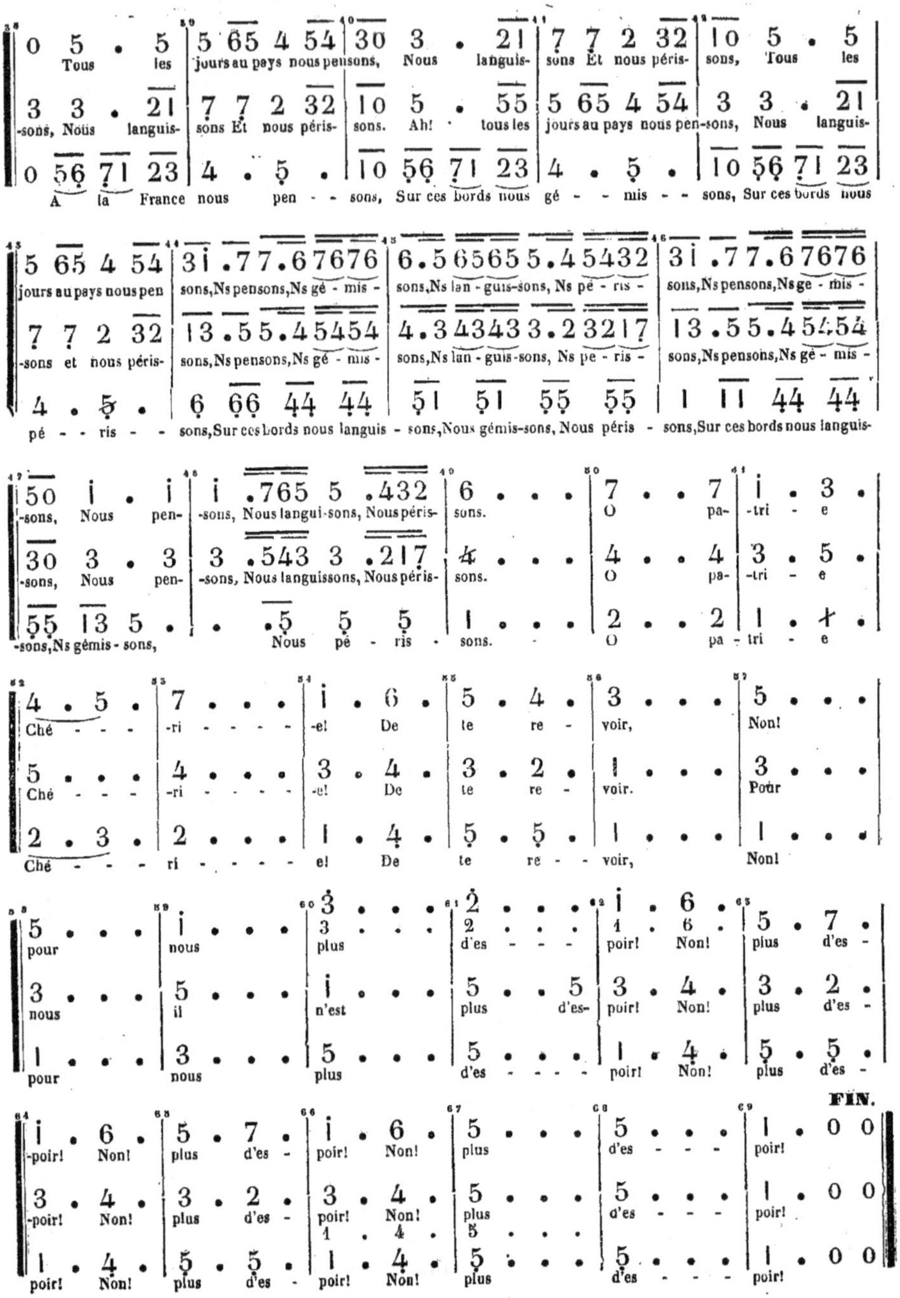

Tous les jours au pays nous pensons, Nous languis- sons Et nous péris- sons, Tous les
-sons, Nous languis- sons Et nous péris- sons. Ah! tous les jours au pays nous pen-sons, Nous languis-
A la France nous pen - - sons, Sur ces bords nous gé - - mis - - sons, Sur ces bords nous

jours au pays nous pen sons, Ns pensons, Ns gé - mis - sons, Ns lan - guis-sons, Ns pé - ris - sons, Ns pensons, Ns ge - mis -
-sons et nous péris- sons, Ns pensons, Ns gé - mis - sons, Ns lan - guis-sons, Ns pe - ris - sons, Ns pensons, Ns gé - mis -
pé - - ris - - sons, Sur ces bords nous languis - sons, Nous gémis-sons, Nous péris - sons, Sur ces bords nous languis-

-sons, Nous pen- -sons, Nous langui-sons, Nous péris- sons. O pa- -tri - e
-sons, Nous pen- -sons, Nous languissons, Nous péris- sons. O pa- -tri - e
-sons, Ns gémis - sons, Nous pé - ris - sons. O pa- tri - e

Ché - - - -ri - - - -e! De te re - voir, Non!
Ché - - - -ri - -e! De te re - voir. Pour
Ché - - ri - - - el De te re - -voir, Non!

pour nous plus d'es - - - poir! Non! plus d'es -
nous il n'est plus d'es- poir! Non! plus d'es -
pour nous plus d'es - - - - poir! Non! plus d'es -

-poir! Non! plus d'es - poir! Non! plus d'es - - - poir!
-poir! Non! plus d'es - poir! Non! plus d'es - - poir!
poir! Non! plus d'es - poir! Non! plus d'es - - - poir!

FIN.

CHŒUR

Paroles et musique de CASTIL-BLAZE.

$\left(\frac{4}{2}\right)$ Ton de MEU. *(Andante.)*　　　　N° 4

piano
TENORS.　Dieu que j'a- do - - re, Cœur qui l'im- plo - - re, Est digne en-

piano
TENORS.

piano
BASSES.　Dieu que j'a- - do - - re, Cœur qui l'im- - plo - re, Est digne en-

piano
BASSES,　Dieu que j'a - do - re, Cœur qui t'implore, Est digne en -

fortis. *pianis.* *piano*
-co - re De ta fa- veur; Que ta lu- mie - - re Brille et m'é-
fortis. *fortis.* *piano*
fortis. *pianis.* *piano*
-co - re De ta fa- veur; Que ta lu- -miè - re Brille et m'é-
fortis. *pianis.* *piano*
-co - re De ta fa - veur; Que ta lu - miè-re Brille

cresc. *forte* *piano*
-clai - - re! En toi j'es- pè - re, Di- vin Sau- veur! Dans ta jus-
cresc. *forte* *piano*
cresc. *forte* *piano*
-clai - re! En toi j'es- pè - re, Di - vin Sau- veur! Dans ta jus-
cresc. *forte* *piano*
et m'éclaire! En toi j'es - - pè - - re, Di - vin Sauveur! Dans ta jus- ti - - - -

cresc. *forte*
-ti - - ce, Sois nous pro- pi - - ce; Que tout s'u- nis - - se Pour t'e - - xal -
cresc. *forte*
cresc. *forte*
-ti - - ce, Sois nous pro- pi - - ce; Que tout s'u- nis - - se Pour t'e - - xal -
cresc. *forte*
-ce, Sois nous pro- pi - - ce; Que tout s'u - - - nis - - se Pour t'e - - xal - -

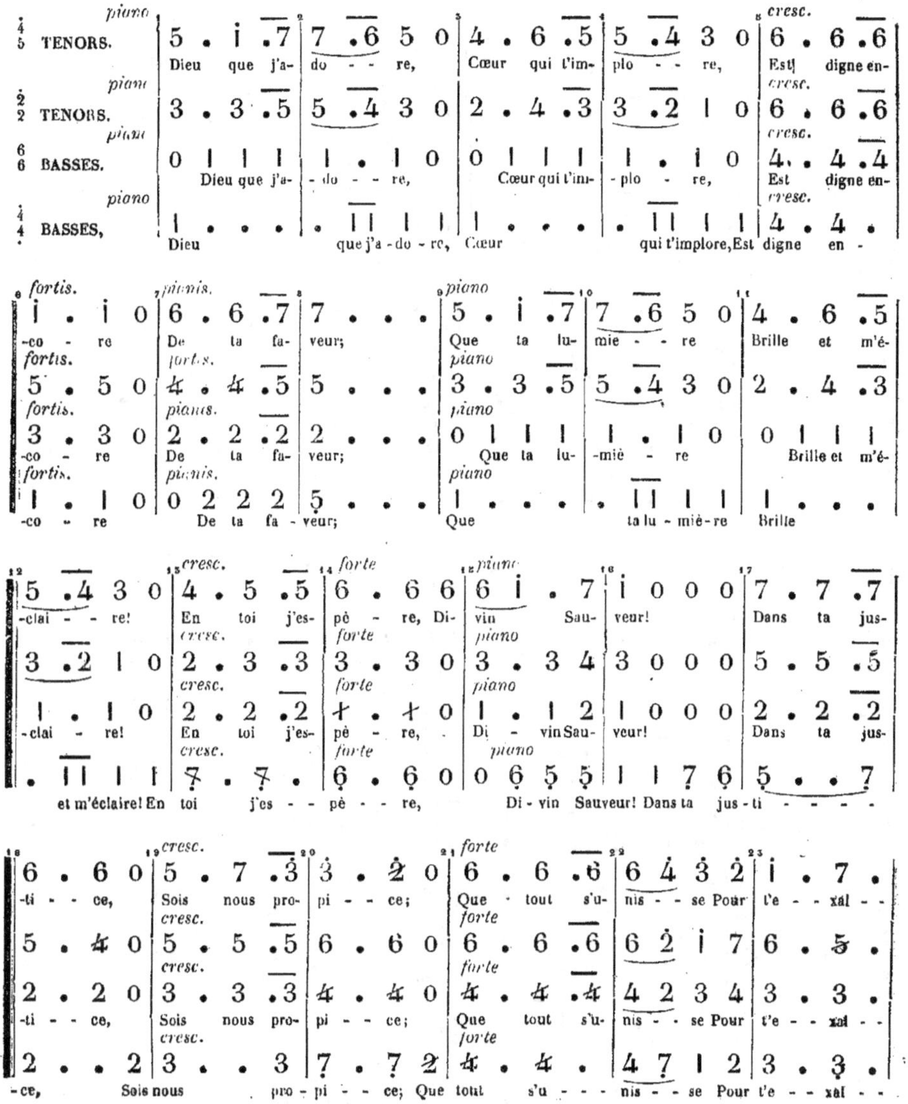

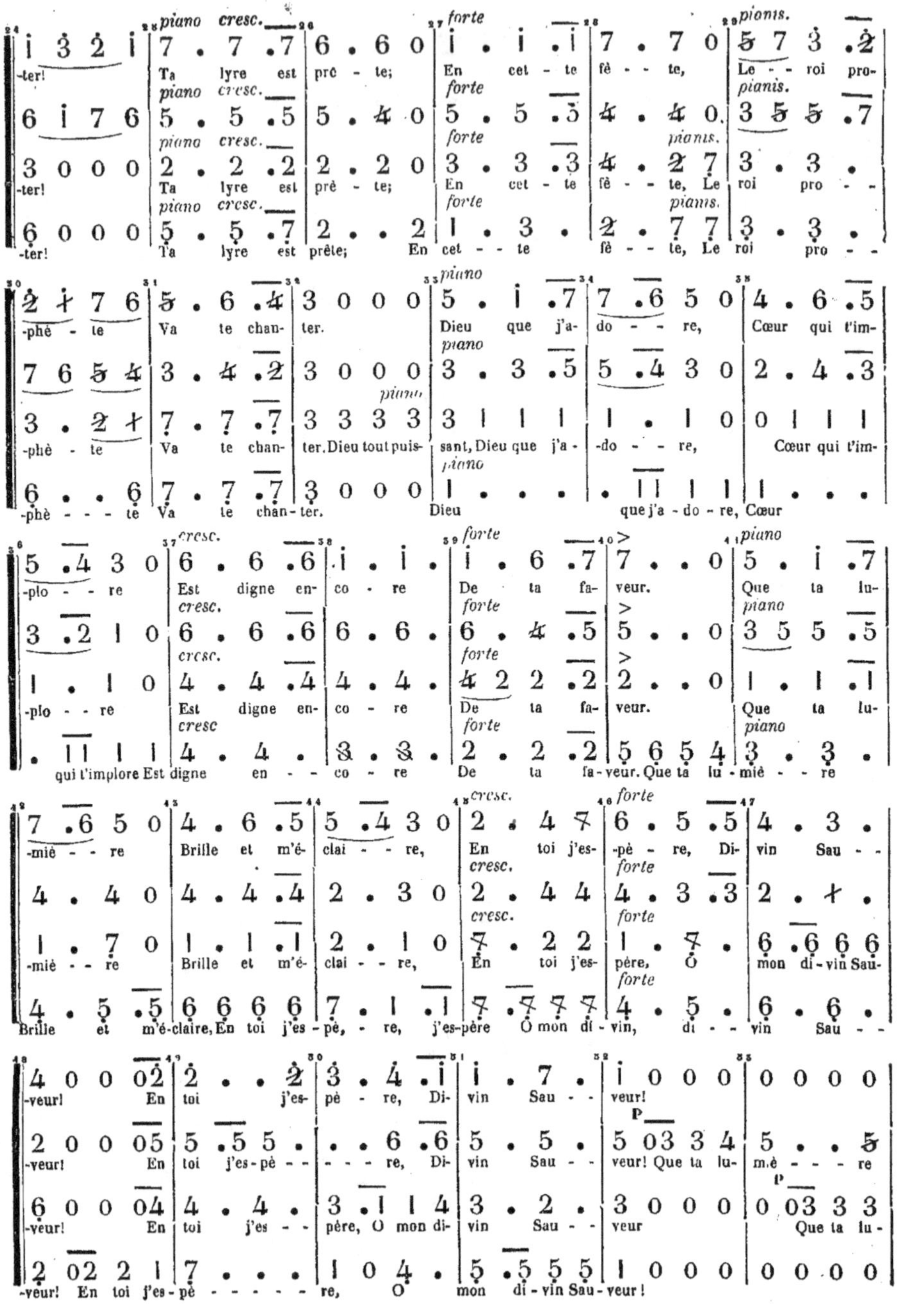

piano cresc. forte pianis.

-ter! Ta lyre est prê-te; En cet-te fê--te, Le--roi pro-
piano cresc. forte pianis.
-ter! Ta lyre est prê-te; En cet-te fê--te, Le roi pro-
piano cresc. forte pianis.
-ter! Ta lyre est prête; En cet-te fê--te, Le roi pro-

piano
-phè-te Va te chan-ter. Dieu que j'a-do--re, Cœur qui t'im-
piano
-phè-te Va te chan-ter.Dieu tout puis-sant, Dieu que j'a--do--re, Cœur qui t'im-
piano
-phè---te Va te chan-ter. Dieu que j'a-do-re, Cœur

cresc. forte piano
-plo--re Est digne en-co-re De ta fa-veur. Que ta lu-
cresc. forte piano
-plo--re Est digne en-co-re De ta fa-veur. Que ta lu-
cresc. forte piano
qui t'implore Est digne en--co--re De ta fa-veur. Que ta lu-miè--re

cresc. forte
-miè--re Brille et m'é-clai--re, En toi j'es--pè-re, Di-vin Sau-
cresc. forte
-miè--re Brille et m'é-clai--re, En toi j'es-père, Ô mon di-vin Sau-
Brille et m'é-claire, En toi j'es-pè,-re, j'es-père Ô mon di-vin, di--vin Sau-

-veur! En toi j'es-pè-re, Di-vin Sau--veur!
P
-veur! En toi j'es-pè---re, Di-vin Sau--veur! Que ta lu-miè--re
P
-veur! En toi j'es--père, O mon di-vin Sau--veur Que ta lu-
-veur! En toi j'es-pè------re, Ô mon di-vin Sau-veur!

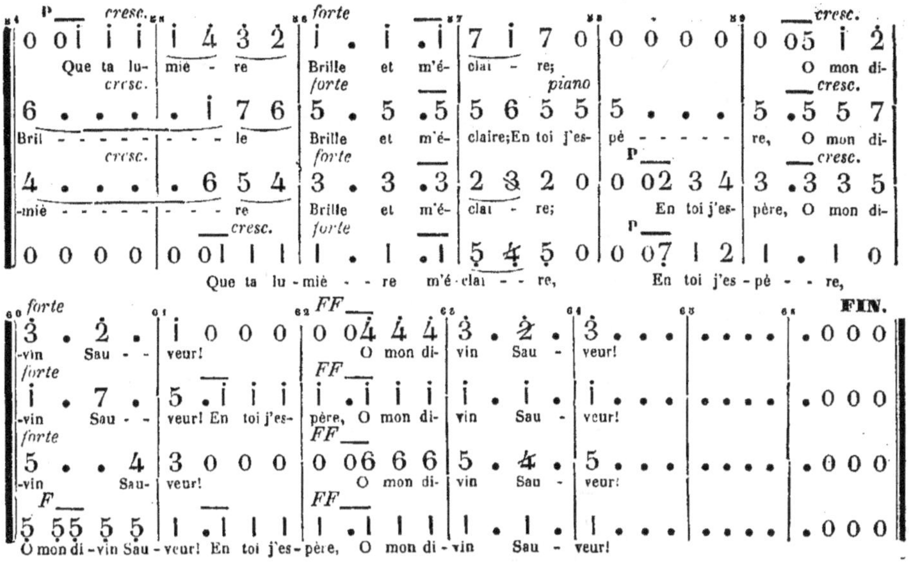

P   *cresc.*   0 0 1 i i i | 4 3 2 | i . i . i | 7 i 7 0 | 0 0 0 0 | 0 05 i 2
Que ta lu - miè - re   Brille et m'é- clai - re;   O mon di-

cresc. *forte* *piano* *cresc.*
6 . . . . i | 7 6 | 5 . 5 . 5 | 5 6 5 5 | 5 . . . | 5 . 5 5 7
Bril - - - - - le   Brille et m'é- claire;En toi j'es- pé - - - - - re, O mon di-

cresc. *forte* P *cresc.*
4 . . . . 6 5 4 | 3 . 3 . 3 | 2 3 2 0 | 0 02 3 4 | 3 . 3 3 5
-miè - - - - - - re   Brille et m'é- clai - re;   En toi j'es- père, O mon di-

cresc. *forte* P
0 0 0 0 | 0 0 1 i i | i . i . i | 5 4 5 0 | 0 07 i 2 | i . i 0
Que ta lu - miè - - re m'é- clai - - re,   En toi j'es- pè - - re,

forte *FF* FIN.
3 . 2 . i | 0 0 0 0 | 0 04 4 4 | 3 . 2 . 3 . . . . 0 0 0
-vin Sau - - veur!   O mon di- vin Sau - veur!

forte *FF*
i . 7 . 5 . i i i | i . i . i | i . i . i 0 0 0
-vin Sau - - veur! En toi j'es- père, O mon di- vin Sau - veur!

forte *FF*
5 . . 4 3 0 0 0 | 0 06 6 6 | 5 . 4 . 5 . . . . 0 0 0
-vin Sau- veur!   O mon di- vin Sau - veur!

F *FF*
5 55 5 5 | i . i i i | i . i i i | i . i . i 0 0 0
O mon di -vin Sau - veur! En toi j'es- père, O mon di - vin Sau - veur!

CHOEUR DE CONJURÉS,

Paroles d'Aimé PARIS,   **Musique de G. MEYERBEER.**

(Tiré du *Crociato inEgitto.*)   N° 5

(3/4) Ton de MEU. (M.M. 96.)

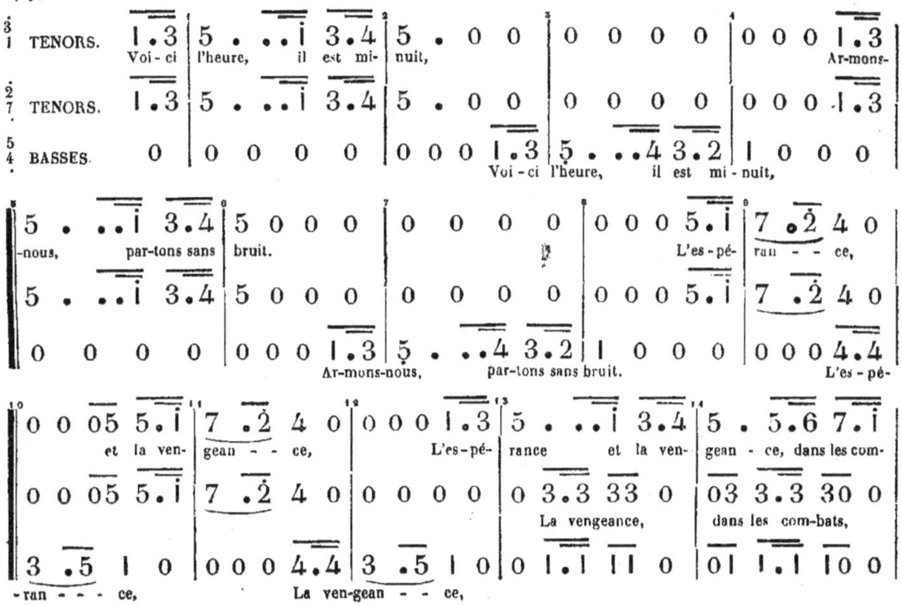

TENORS.   1.3 | 5 . . . i | 3.4 | 5 . 0 0 | 0 0 0 0 | 0 0 0 1.3
Voi - ci l'heure, il est mi- nuit,   Ar-mons-

TENORS.   1.3 | 5 . . . i | 3.4 | 5 . 0 0 | 0 0 0 0 | 0 0 0 1.3

BASSES.   0 | 0 0 0 0 | 0 0 0 1.3 | 5 . . . 4 3.2 | 1 0 0 0
Voi - ci l'heure, il est mi - nuit,

5 . . . i | 3.4 | 5 0 0 0 | 0 0 0 0 | 0 0 0 5.i | 7 . 2 4 0
-nous, par-tons sans bruit.   L'es - pé- ran - - ce,

5 . . . i | 3.4 | 5 0 0 0 | 0 0 0 0 | 0 0 0 5.i | 7 . 2 4 0

0 0 0 0 | 0 0 0 1.3 | 5 . . . 4 3.2 | 1 0 0 0 | 0 0 0 4.4
Ar-mons-nous, par-tons sans bruit.   L'es - pé-

0 0 0 5 5.i | 7 . 2 4 0 | 0 0 0 1.3 | 5 . . . i 3.4 | 5 . 5.6 7.i
et la ven- gean - - ce, L'es-pé- rance et la ven- gean - ce, dans les com-

0 0 0 5 5.i | 7 . 2 4 0 | 0 0 0 0 | 0 3.3 33 0 | 03 3.3 30 0
La vengeance, dans les com-bats,

3 . 5 | 1 0 | 0 0 0 4.4 | 3 . 5 | 1 0 | 0 1.1 11 0 | 01 1.1 10 0
-ran - - ce, La ven-gean - - ce,

```
[15]  ı.3 3.3 5.4 2.5 | [16] 1 0 0 0 | [17] 0 0 0 05 | [18] ı0 70 ı0 05 | [19] 20 30 20 05
      -bats vont gui-der bientôt nos  pas.                       Nous  le  ju - rons,  nous    ven - ge - rons,  nous
      0 1.ı 7.2 7.7 | 1 0 0 0 | 0 0 0 05 | 50 40 30 05 | 50 50 50 05
      va gui-der bientôt nos  pas.                 Nous  le  ju - rons,  nous    ven - ge - rons,  nous
      0 5.5 5.5 5.5 | 1 0 0 0 | 0 0 0 05 | 30 20 10 05 | 70 10 70 05

[20]  30 20 ı0 0ı | [21] 77 ıı 2 0 | [22] 05 75 ı 0 | [23] 05 ı5 2 0
      la - ve - rons  dans   leur sang nos af-fronts,       nous le ju - rons,       nous venge - rons,
      50 50 50 05 | 44 33 2 05 | 50 40 30 05 | 40 30 20 05
      la - ve - rons  dans   leur sang nos af-fronts, nous  le   ju - rons,   nous   ven - ge - rons,  nous
      ı0 20 30 03 | 22 ıı 7 05 | ı0 50 ı5 3ı | 70 70 72 7.5

[24]  05 25 3 03 | [25] ı.ı 7.7 ı 0 | [26] 0 0 003 4.5 | [27] ı . 003 4.5
      nous la-ve - rons  dans   leur sang nos  af - fronts.                Oui! nous sau- rons        cour-ber leurs
                                              (ua*)          Ton de JEU.
      ı0 70 ı 05 | 3.3 2.2 3 0 | 0 0 003 4.5 | ı . 003 4.5
      la - ve - rons  dans   leur sang nos  af - fronts.                 Oui! nous sau- rons        cour-ber leurs
                                              mut →   fortis.
      30 20 ı5 3.ı | 5.5 5.5 ı 0 | 0 0 003 4.5 | ı . 003 4.5
                                              (ua) →

[28]  6 . 004 4.5 | [29] 5 . ..4 2.7 | [30] ı 0 003 4.5 | [31] ı . 03 3.4
      fronts,     nous la - ve -  rons        nos longs af - fronts.     Cou-rage, a - -mis,      nous les vain-
      6 . 004 4.5 | 5 . ..4 2.7 | ı 0 003 4.5 | ı . 03 3.4
      fronts,     nous la - ve -  rons        nos longs af - fronts.     Cou-rage, a - -mis,      nous les vain-
      6 . 004 4.5 | 5 . ..4 2.7 | ı 0 003 4.5 | ı . 03 3.4

[32]  5 . ..7 6.5 | [33] 2 . ..7 ı.6 | [34] 2 . ..7 ı.6 | [35] 5.5 5.5 5.5 5.5
(seu**) →
      -crons,     cou-rage, a - mis!     cou-rage, a - mis,   nous les vain- crons, nous courberons bien-tôt leurs
Ton de MEU.
      5 . ..7 6.5 | 7 . ..5 6.4 | 7 . ..5 6.4 | 5.5 5.5 5.5 5.5
      -crons,     cou-rage, a - mis!     cou-rage, a - mis,   nous les vain- crons, nous courberons bien-tôt leurs
(seu) →
      5 . ..7 6.5 | 2 . ..2 2.2 | 2 . ..2 2.2 | 5.5 5.5 5.5 5.5

[36]  5.5 5.5 5.5 5.5 | [37] 5 . . . | [38] . 0 0 0 | [39] 0 0 0 0 | [40] 0 0 0 ı.3
      fronts, nous la - ve - rons nos longs af - fronts.                                            Voi - ci
      5.5 5.5 5.5 5.5 | 5 . . . | . 0 0 0 | 0 5 5 5 | 5 0 0 0
                                                          nos longs af - fronts.
                         ⎧ 5 . 4 . | 3 . 3 . | 20 0 0 0 | 0 0 0 0
                         ⎨ fronts,  nos    longs  af - -   fronts.
      5.5 5.5 5.5 5.5 ⎩
      fronts, nous la - ve - rons nos longs af-
                         ⎩ 5 . 2 . | 4 . ı . | 70 0 0 0 | 0 0 0 0
```

* UA change *ut* en *la*; prenez le *mi* qui suit, pour le ténor, à une quarte mineure au-dessous, et pour la basse, à une quinte majeure au-dessus. — MUT change *meu* en *ut*; prenez le *mi* qui suit, à une tierce mineure au-dessus.
** SEU change *sol* en *seu*; prenez le *seu* qui suit, à l'unisson.

pianis.

l'heure, il est mi- nuit, Armons- nous, par-tons sans

Voi - ci l'heure, à mi-nuit, à mi - nuit, à mi - nuit, à mi - nuit

Voi - ci l'heure, il est mi - nuit,

bruit. L'es-pé- ran - - - ce, la ven-

par-tons sans bruit, à mi - nuit par-tons sans bruit, L'es - pérance aux combats,

Ar- mons-nous, partons sans bruit. L'es-pé - ran - - ce,

-gean - - ce, vont en- fin dans les com- bats guider les pas, les pas de nos vaillants sol-

La vengeance aux combats, l'es - péran - ce, la vengean-ce gui-dent nos vail-lants sol-

l'es - pé-ran - ce, la vengean-ce gui-dent nos vail-lants sol-

La ven-gean - - ce,

-dats, de nos sol - dats, de nos sol - dats, de nos sol-dats. Bra-ves sol -dats,

-dats, nos fiers sol - dats, nos fiers sol - dats, nos fiers sol-dats. Bra-ves sol-dats,

-dats, nos fiers sol - dats, nos fiers sol - dats. Bra-ves sol - dats, dans les com-

sa - chez pu - nir leurs at - ten - tats,

sa - chez pu - nir leurs at - ten - tats, sa - - chez pu - - -nir

bats, sa-chez pu - nir leurs at-ten - tats, sa - - chez pu - - nir, pu - -

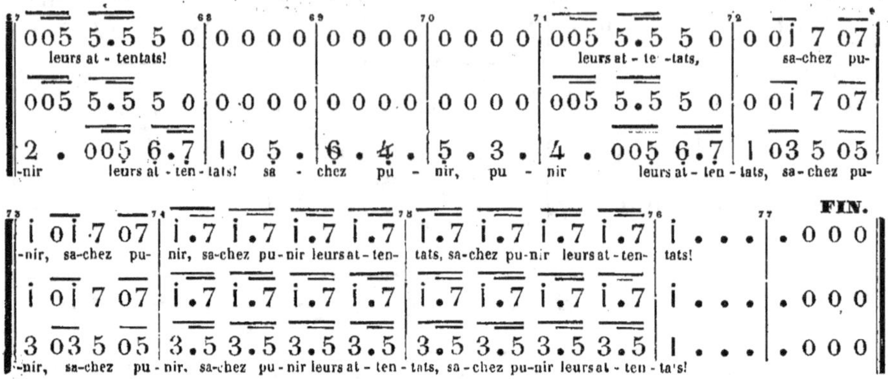

leurs at - tentats!

leurs at - te -tats,   sa-chez pu-

-nir   leurs at - ten - tats!   sa - chez   pu - nir,   pu - nir   leurs at - ten - tats, sa-chez pu-

FIN.

-nir, sa-chez pu- nir, sa-chez pu-nir leurs at - ten - tats, sa-chez pu-nir leurs at - ten - tats!

-nir,   sa-chez   pu-nir.   sa-chez   pu-nir leurs at - ten - tats,   sa-chez   pu-nir leurs at - ten - ta's!

SOUDARDS ET NONNES,

Paroles d'Aimé PARIS,   **Musique de BELLINI.**

(Tiré de *I. Puritani.*)

N° 6

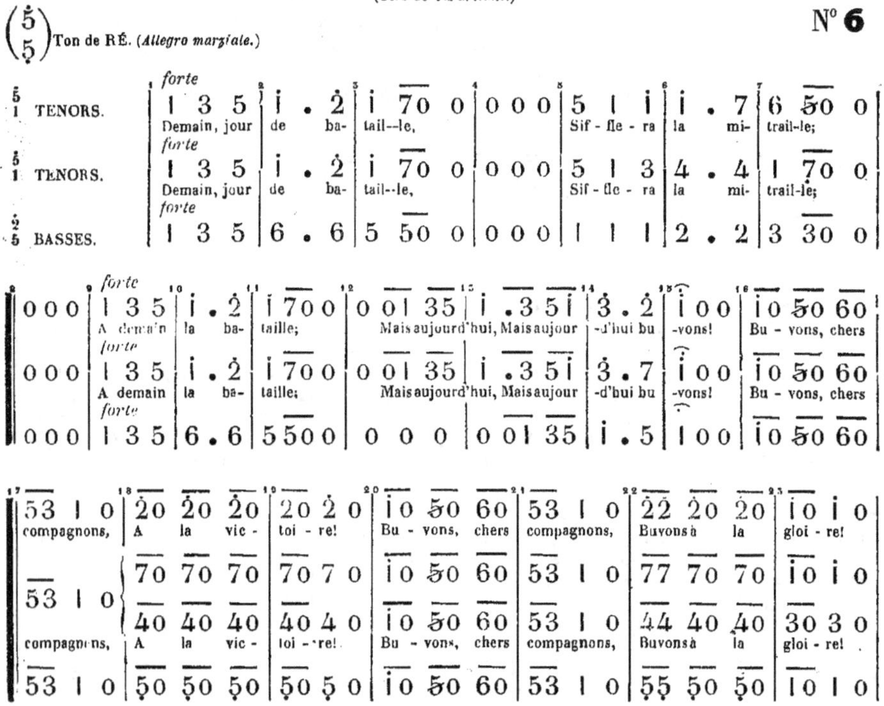

$\left(\dfrac{5}{5}\right)$ Ton de RÉ. (*Allegro marziale.*)

TENORS. — *forte* — Demain, jour de ba- tail--le,   Sif - fle - ra la mi- trail-le;

TENORS. — *forte* — Demain, jour de ba- tail--le,   Sif - fle - ra la mi- trail-le;

BASSES. — *forte*

forte — A demain la ba- taille; Mais aujourd'hui, Mais aujour -d'hui bu -vons! Bu - vons, chers

forte — A demain la ba- taille; Mais aujourd'hui, Mais aujour -d'hui bu -vons! Bu - vons, chers

forte

compagnons, A la vic - toi - re! Bu - vons, chers compagnons, Buvons à la gloi - re!

compagnons, A la vic - toi - re! Bu - vons, chers compagnons, Buvons à la gloi - re!

Paris.—Typ. de H. V. de Surcy et Cie, rue de Sèvres, 57.

(Chant noté en chiffres, quatre systèmes pour voix et piano ; paroles sous les portées.)

Bu - vons, chers compagnons, à la vic -toi - re,

Buvons, chers compagnons, à la vic - toi - re!

A notre gloi - re, Jusqu'au jour, chers comp., bu-

A no-tre gloire! Grâce au bon vin, qu'i-ci nous al-lons boire, Nous craindrons moins de pas-

A no-tre gloire! Grâce au bon vin, qu'i-ci nous al-lons boire, Nous craindrons moins de pas-

vons à la gloire! Grâce au bon vin, qu'i-ci nous al-lons boi-re; Nous craindrons moins de

-ser l'on-de noi-re, Versez donc, il faut boire, Versez, chers compa -gnons, *piano* Buvons à notre

-ser l'on-de noi-re, Versez donc, il faut boire, Versez, chers compa gnons, *piano* Buvons à notre

passer l'on-de noi-re,

gloi-re, Chers compagnons, bu -vons! bu- - vons! bu- vons! *forte* De l'on-de *forte*

gloi-re, Chers compagnons, bu -vons! bu- - vons! bu- vons! *forte* De l'on-de *forte*

noi - re Perdons la mé- moire; Il vaut mieux boi - re A no-tre gloi - re. Grâce au bon

noi - re Perdons la mé- moire; Il vaut mieux boi - re A no-tre gloi - re. Grâce au bon

vin qu'i-ci nous al-lons boire, Nous craindrons moins de pas- ser l'on-de noire, Versez donc, il faut

vin qu'i-ci nous al-lons boire, Nous craindrons moins de pas- ser l'on-de noire, Versez donc, il faut

Nous craindrons moins de passer l'on-de noi-re,

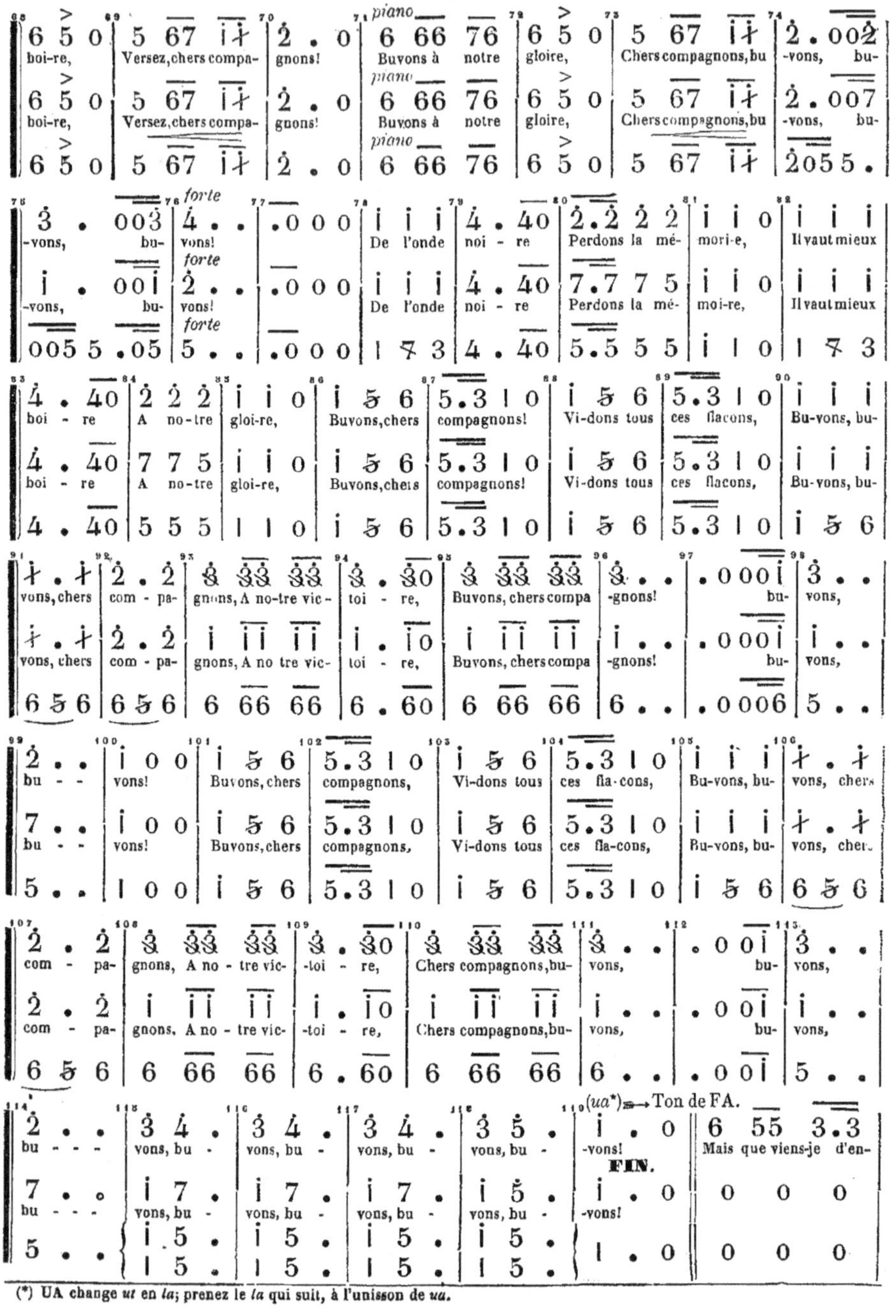

System (measures 65–74):
```
6 5 0 | 5 67 1† | 2 . 0 | 6 66 76 | 6 5 0 | 5 67 1† | 2 .00 2
6 5 0 | 5 67 1† | 2 . 0 | 6 66 76 | 6 5 0 | 5 67 1† | 2 .00 7
6 5 0 | 5 67 1† | 2 . 0 | 6 66 76 | 6 5 0 | 5 67 1† | 2055 .
```
boi-re, | Versez, chers compa- | gnons! | *piano* Buvons à notre gloire, | Chers compagnons, bu | -vons, bu-

System (measures 75–82):
```
3 . 003 | 4 .. .0 0 0 | 1 1 1 | 4 . 40 | 2.2 2 2 | 1 1 0 | 1 1 1
1 . 001 | 2 .. .0 0 0 | 1 1 1 | 4 . 40 | 7.7 7 5 | 1 1 0 | 1 1 1
005 5 .05 | 5 .. .0 0 0 | 1 7 3 | 4 . 40 | 5.5 5 5 | 1 1 0 | 1 7 3
```
forte -vons, bu- vons! | De l'onde noi - re | Perdons la mé- mori-e, | Il vaut mieux

System (measures 83–90):
```
4 . 40 | 2 2 2 | 1 1 0 | 1 5 6 | 5.3 1 0 | 1 5 6 | 5.3 1 0 | 1 1 1
4 . 40 | 7 7 5 | 1 1 0 | 1 5 6 | 5.3 1 0 | 1 5 6 | 5.3 1 0 | 1 1 1
4 . 40 | 5 5 5 | 1 1 0 | 1 5 6 | 5.3 1 0 | 1 5 6 | 5.3 1 0 | 1 5 6
```
boi - re | A no-tre gloi-re, | Buvons, chers compagnons! | Vi-dons tous ces flacons, | Bu-vons, bu-

System (measures 91–98):
```
† . † | 2 . 2 | 3 33 33 | 3 . 30 | 3 33 33 | 3 .. . | 000 1 | 3 . .
† . † | 2 . 2 | 1 11 11 | 1 . 10 | 1 11 11 | 1 .. . | 000 1 | 1 . .
6 5 6 | 6 5 6 | 6 66 66 | 6 . 60 | 6 66 66 | 6 .. . | 000 6 | 5 . .
```
vons, chers | com - pa- | gnons, A no-tre vic- | toi - re, | Buvons, chers compa | -gnons! | bu- | vons,

System (measures 99–106):
```
2 .. | 1 0 0 | 1 5 6 | 5.3 1 0 | 1 5 6 | 5.3 1 0 | 1 1 1 | † . †
7 .. | 1 0 0 | 1 5 6 | 5.3 1 0 | 1 5 6 | 5.3 1 0 | 1 1 1 | † . †
5 .. | 1 0 0 | 1 5 6 | 5.3 1 0 | 1 5 6 | 5.3 1 0 | 1 5 6 | 6 5 6
```
bu - - vons! | Buvons, chers | compagnons, | Vi-dons tous ces fla-cons, | Bu-vons, bu- | vons, chers

System (measures 107–113):
```
2 . 2 | 3 33 33 | 3 . 30 | 3 33 33 | 3 .. | . 00 1 | 3 . .
2 . 2 | 1 11 11 | 1 . 10 | 1 11 11 | 1 .. | . 00 1 | 1 . .
6 5 6 | 6 66 66 | 6 . 60 | 6 66 66 | 6 .. | . 00 1 | 5 . .
```
com - pa- | gnons, A no - tre vic- -toi - re, | Chers compagnons,bu- | vons, | bu- | vons,

System (measures 114–119):
```
2 .. | 3 4 . | 3 4 . | 3 4 . | 3 5 . | 1 . 0 ‖ 6 55 3.3
7 .. | 1 7 . | 1 7 . | 1 7 . | 1 5 . | 1 . 0 ‖ 0   0   0
5 .. | 1 5 . | 1 5 . | 1 5 . | 1 5 . | 1 . 0 ‖ 0   0   0
```
bu - - vons, bu - vons, bu - vons, bu - vons, bu - -vons! | Mais que viens-je d'en-

(ua*) → Ton de FA.

FIN.

System 1 (121–126):
-ten - dre? Quels chants har-moni-eux! D'où vient cet-te voix ten - dre, Si ce n'est pas des

System 2 (127–132):
forte — *piano*
Sopranos. Di- -vi - ne protec- tri - - ce. Ap- pui des malheu- reux, Ma- rie, entends nos
cieux!
Basses. Di- -vi - ne protec- tri - - ce, Ap- pui des malheu- reux, Ma- rie, entends nos
forte

System 3 (133–137):
vœux, Sois nous pro -pi - ce, Re-çois nos vœux, Sois nous pro -pi - ce, Ap- -pui des malheu-
vœux, Sois nous pro -pi - ce, Re-çois nos vœux, Sois nous pro -pi - ce, Ap- -pui des malheu-

System 4 (138–142):
-reux! Du haut des cieux entends nos vœux, entends nos vœux, di- *(ralent.)* -vi - ne protec- -tri - - ce, Ma-rie,
Ma-
- reux! Dans les cieux entends nos vœux, *(ralent.)* di- -vi - ne protec- -tri - - ce,

System 5 (143–147):
en - - - - tends nos vœux, Sois nous pro -pi - ce, Di-
-rie, en-tends nos vœux! Ap- pui des malheu- reux, Sois nous pro -pi - ce, sois
en - tends nos vœux! re - çois nos vœux, Sois nous pro -pi - ce, sois

System 6 (148–152):
-vi - ne protec- -tri - ce, Reçois nos vœux, Sois- - nous toujours pro - - pi - ce, Ap-
pro - - - pi - - - - ce! Vierge, re-çois nos vœux,
pro - - - pi - - - -ce! Sois- - nous toujours pro- - pi - ce, Ap-
Ap-pui des malheu - reux,
Vierge, re - çois nos

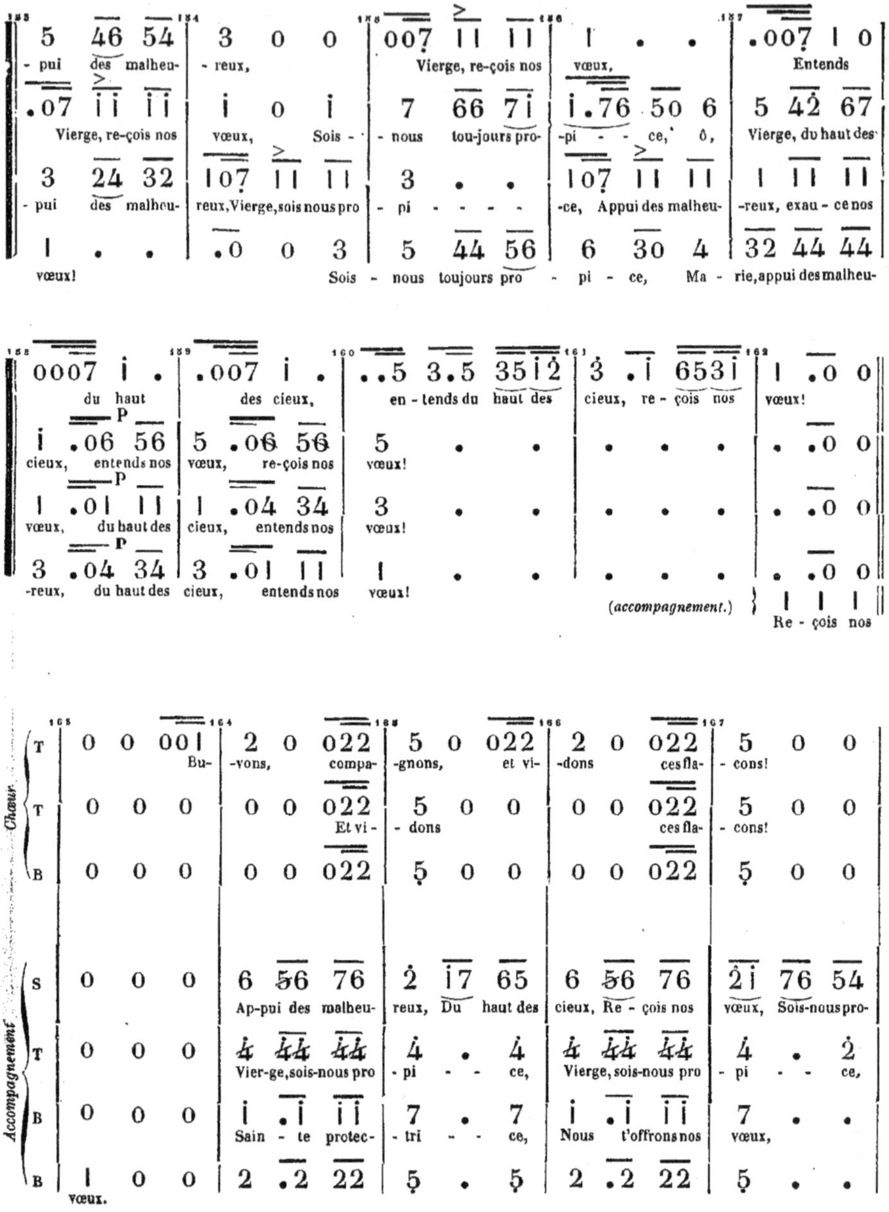

- pui des malheu- - reux, Vierge, re-çois nos vœux, Entends

.07 Vierge, re-çois nos vœux, Sois - - nous tou-jours pro- -pi- - ce, ô, Vierge, du haut des

- pui des malheu- reux, Vierge, sois nous pro - pi - - - -ce, Appui des malheu- -reux, exau - ce nos

vœux! Sois - nous toujours pro - pi - ce, Ma - rie, appui des malheu-

du haut des cieux, en - tends du haut des cieux, re - çois nos vœux!

cieux, entends nos vœux, re-çois nos vœux!

vœux, du haut des cieux, entends nos vœux!

-reux, du haut des cieux, entends nos vœux!

(accompagnement.) Re - çois nos

Chœur

T Bu- -vons, compa- -gnons, et vi- -dons ces fla- - cons!

T Et vi - - dons ces fla- - cons!

B

Accompagnement

S Ap-pui des malheu- reux, Du haut des cieux, Re - çois nos vœux, Sois-nous pro-

T Vier-ge, sois-nous pro - pi - - - ce, Vierge, sois-nous pro - pi - - - ce,

B Sain - te protec- - tri - - - ce, Nous t'offrons nos vœux,

B vœux.

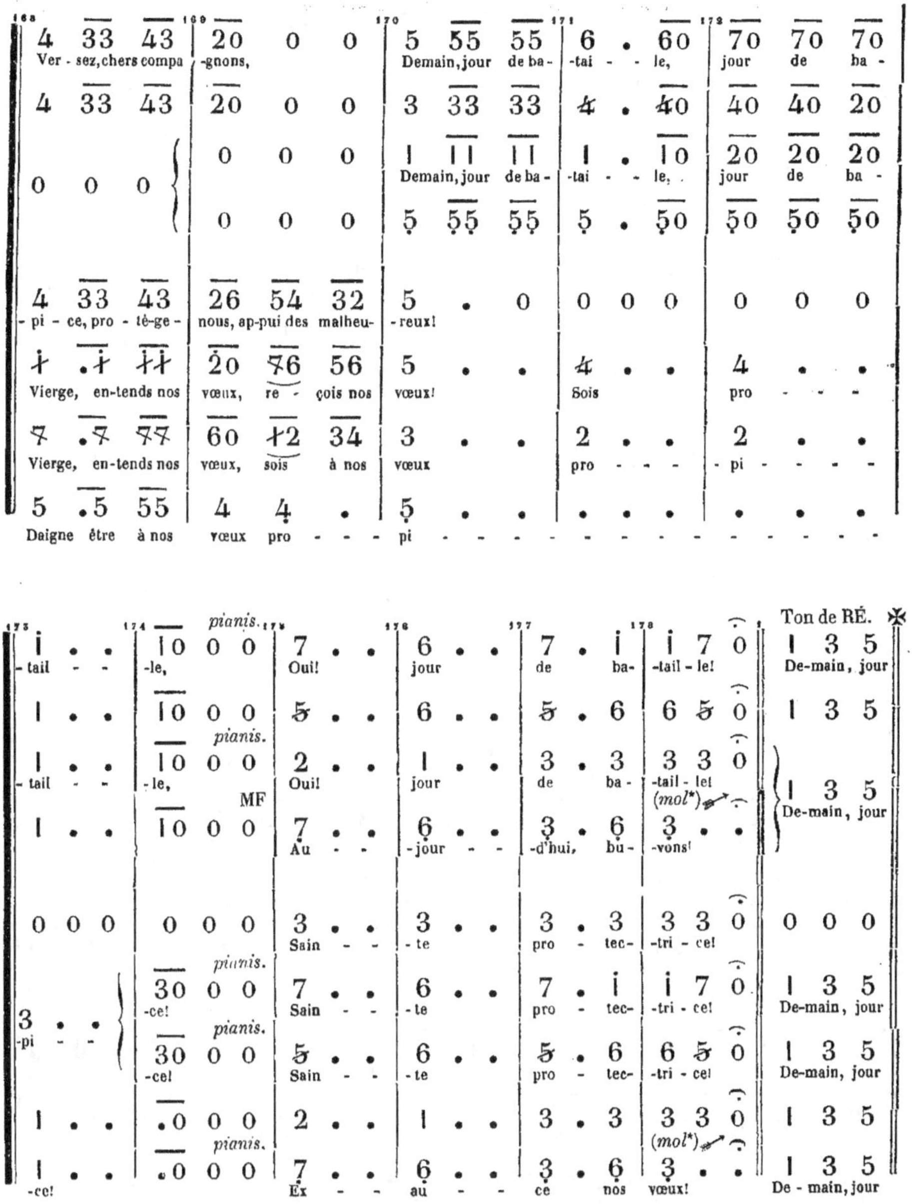

(*) MOL change *mi* en *sol*; la basse prend l'*ut* qui suit à une quarte mineure au-dessus de ce *mol*, qu'elle soutient pendant le point d'orgue, et qui sert de soudure générale, pour toutes les parties. — La dernière mesure, à l'unisson pour toutes les voix, ramène à la mesure 2, page 16.

LA VALSE ET L'ENCLUME,

Paroles d'Et. NEUFVILLE, **Musique d'A. ELWART.**

N° 7

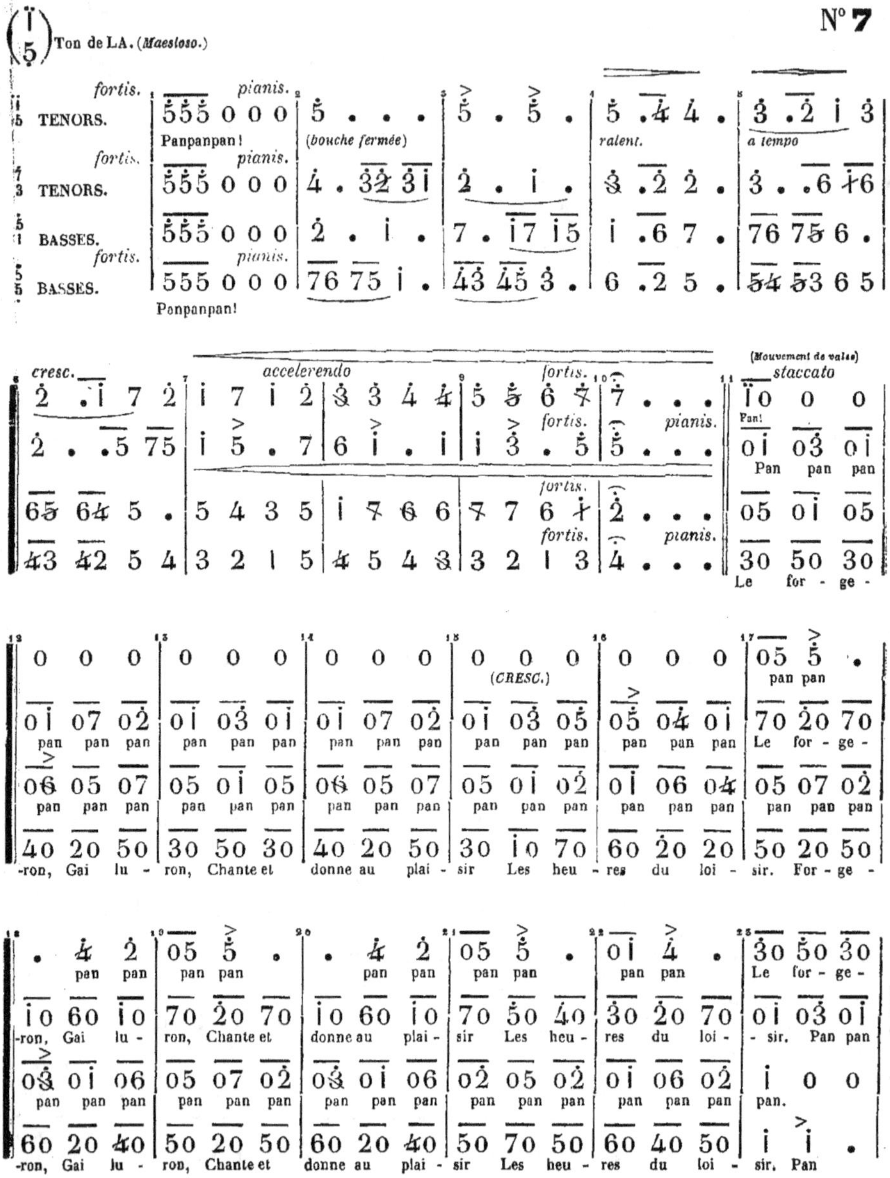

Ton de LA. (*Maestoso.*)

TENORS.

TENORS.

BASSES.

BASSES.

Panpanpan!

Panpanpan!

fortis. *pianis.* *(bouche fermée)* *ralent.* *a tempo*

cresc. *accelerendo* *fortis.* *pianis.* (*Mouvement de valse*) *staccato*

Pan!

Pan pan pan

Le for-ge-

-ron, Gai lu - ron, Chante et donne au plai - sir Les heu - res du loi - sir. For-ge-

-ron, Gai lu - ron, Chante et donne au plai - sir Les heu - res du loi - sir. Pan pan

-ron, Gai lu - ron, Chante et donne au plai - sir Les heu - res du loi - sir. Pan

(CRESC.)

Le for-ge-ron, Gai lu-ron, Chante et donne au plai-sir Les heu-res du loi-sir. Pan pan

pan.

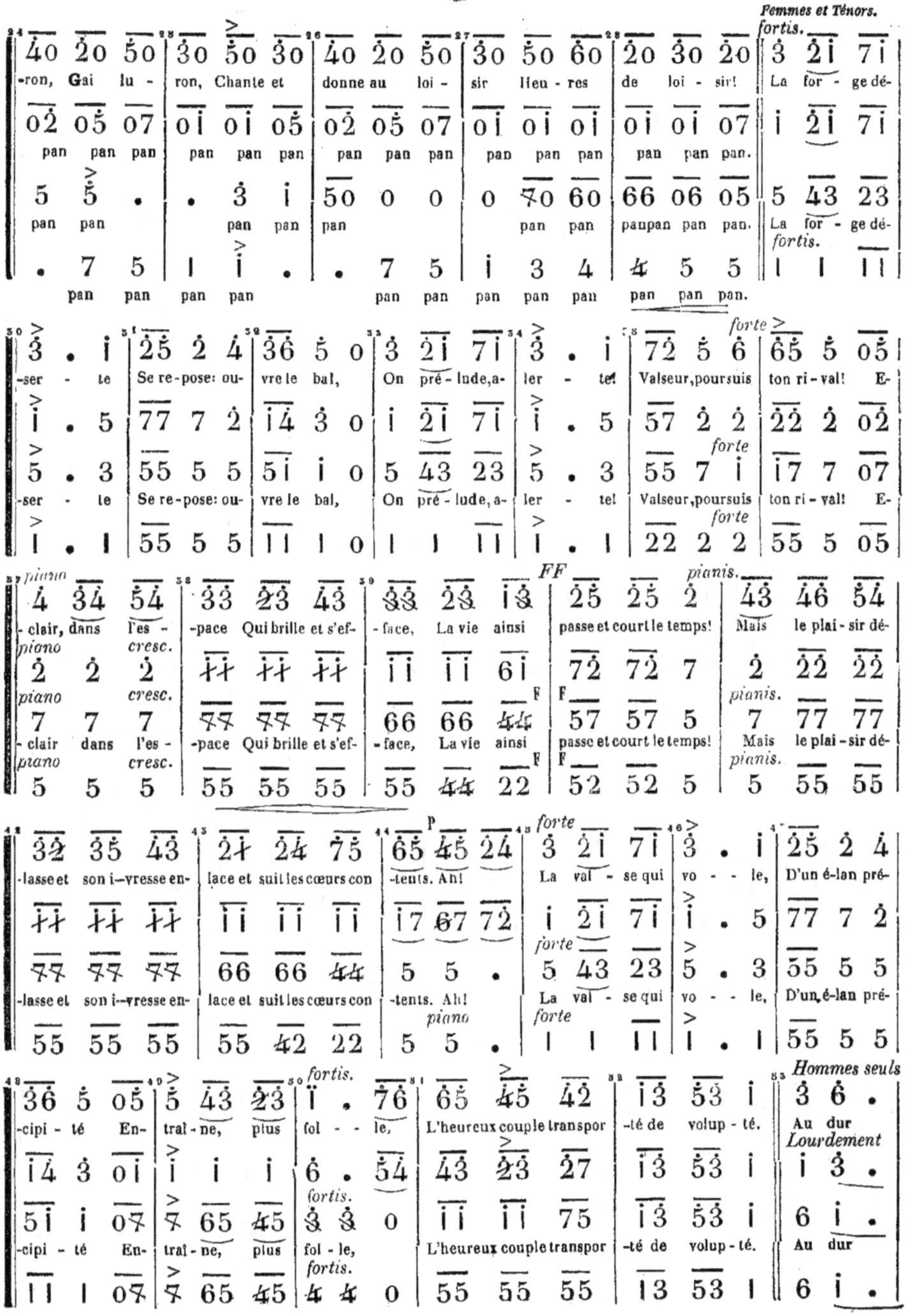

Femmes et Ténors.
fortis.

| 4 0 | 2 0 | 5 0 | 3 0 | 5 0 | 3 0 | 4 0 | 2 0 | 5 0 | 3 0 | 5 0 | 6 0 | 2 0 | 3 0 | 2 0 | 3 | 2 1 | 7 1 |

-ron, Gai lu- ron, Chante et donne au loi - sir heu - res de loi - sir! La for - ge dé-

| 0 2 | 0 5 | 0 7 | 0 1 | 0 1 | 0 5 | 0 2 | 0 5 | 0 7 | 0 1 | 0 1 | 0 1 | 0 1 | 0 1 | 0 7 | 1 | 2 1 | 7 1 |

pan pan pan pan pan pan pan pan pan pan pan pan pan pan pan.

| 5 | 5 | . | . | 3 | 1 | 5 0 | 0 | 0 | 0 | 7 0 | 6 0 | 6 6 | 0 6 | 0 5 | 5 | 4 3 | 2 3 |

pan pan pan pan pan pan pan panpan pan pan. La for - ge dé-
fortis.

| . | 7 | 5 | | | 1 | . | . | 7 | 5 | 1 | 3 | 4 | 4 | 5 | 5 | | | | | |

pan pan pan pan pan pan pan pan pan pan pan pan.

| 3 | . | 1 | 2 5 | 2 | 4 | 3 6 | 5 | 0 | 3 | 2 1 | 7 1 | 3 | . | 1 | 7 2 | 5 | 6 | 6 5 | 5 | 0 5 |

-ser - te Se re-pose: ou- vre le bal, On pré - lude, a- ler - te! Valseur, poursuis ton ri - val! E-
forte

| 1 | . | 5 | 7 7 | 7 | 2 | 1 4 | 3 | 0 | 1 | 2 1 | 7 1 | 1 | . | 5 | 5 7 | 2 | 2 | 2 2 | 2 | 0 2 |

| 5 | . | 3 | 5 5 | 5 | 5 | 5 1 | 1 | 0 | 5 | 4 3 | 2 3 | 5 | . | 3 | 5 5 | 7 | 1 | 1 7 | 7 | 0 7 |

-ser - te Se re-pose: ou- vre le bal, On pré - lude, a- ler - te! Valseur, poursuis ton ri - val! E-
forte

| 1 | . | 1 | 5 5 | 5 | 5 | 1 1 | 1 | 0 | 1 | 1 | 1 1 | 1 | . | 1 | 2 2 | 2 | 2 | 5 5 | 5 | 0 5 |

piano | *FF* | *pianis.*

| 4 | 3 4 | 5 4 | 3 3 | 2 3 | 4 3 | 3 3 | 2 3 | 1 3 | 2 5 | 2 5 | 2 | 4 3 | 4 6 | 5 4 |

- clair, dans l'es - -pace Qui brille et s'ef- - face, La vie ainsi passe et court le temps! Mais le plai - sir dé-
piano | *cresc.*

| 2 | 2 | 2 | 7 7 | 7 7 | 7 7 | 1 1 | 1 1 | 6 1 | 7 2 | 7 2 | 7 | 2 | 2 2 | 2 2 |

piano | *cresc.* | *F* | *pianis.*

| 7 | 7 | 7 | 7 7 | 7 7 | 7 7 | 6 6 | 6 6 | 4 4 | 5 7 | 5 7 | 5 | 7 | 7 7 | 7 7 |

- clair dans l'es - -pace Qui brille et s'ef- - face, La vie ainsi passe et court le temps! Mais le plai - sir dé-
piano | *cresc.* | *F* | *pianis.*

| 5 | 5 | 5 | 5 5 | 5 5 | 5 5 | 5 5 | 4 4 | 2 2 | 5 2 | 5 2 | 5 | 5 | 5 5 | 5 5 |

| 3 2 | 3 5 | 4 3 | 2 7 | 2 4 | 7 5 | 6 5 | 4 5 | 2 4 | 3 | 2 1 | 7 1 | 3 | . | 1 | 2 5 | 2 | 4 |

-lasse et son i--vresse en- lace et suit les cœurs con -tents. Ah! La val - se qui vo - - le, D'un é-lan pré-
P | *forte*

| 7 7 | 7 7 | 7 7 | 1 1 | 1 1 | 1 1 | 1 7 | 6 7 | 7 2 | 1 | 2 1 | 7 1 | 1 | . | 5 | 7 7 | 7 | 2 |

| 7 7 | 7 7 | 7 7 | 6 6 | 6 6 | 4 4 | 5 | 5 | . | 5 | 4 3 | 2 3 | 5 | . | 3 | 5 5 | 5 | 5 |

-lasse et son i--vresse en- lace et suit les cœurs con -tents. Ah! La val - se qui vo - - le, D'un é-lan pré-
piano | *forte*

| 5 5 | 5 5 | 5 5 | 5 5 | 4 2 | 2 2 | 5 | 5 | . | 1 | 1 | 1 1 | 1 | . | 1 | 5 5 | 5 | 5 |

Hommes seuls

| 3 6 | 5 | 0 5 | 5 | 4 3 | 2 3 | 1 | . | 7 6 | 6 5 | 4 5 | 4 2 | 1 3 | 5 3 | 1 | 3 | 6 | . |

-cipi - té En- traî - ne, plus fol - - le, L'heureux couple transpor -té de volup - té. Au dur
fortis. | *Lourdement*

| 1 4 | 3 | 0 1 | 1 | 1 | 1 | 6 | . | 5 4 | 4 3 | 2 3 | 2 7 | 1 3 | 5 3 | 1 | 1 | 3 | . |

| 5 1 | 1 | 0 7 | 7 | 6 5 | 4 5 | 3 | 3 | 0 | 1 1 | 1 1 | 7 5 | 1 3 | 5 3 | 1 | 6 | 1 | . |

-cipi - té En- traî - ne, plus fol - le, L'heureux couple transpor -té de volup - té. Au dur
fortis.

| 1 1 | 1 | 0 7 | 7 | 6 5 | 4 5 | 4 | 4 | 0 | 5 5 | 5 5 | 5 5 | 1 3 | 5 3 | 1 | 6 | 1 | . |

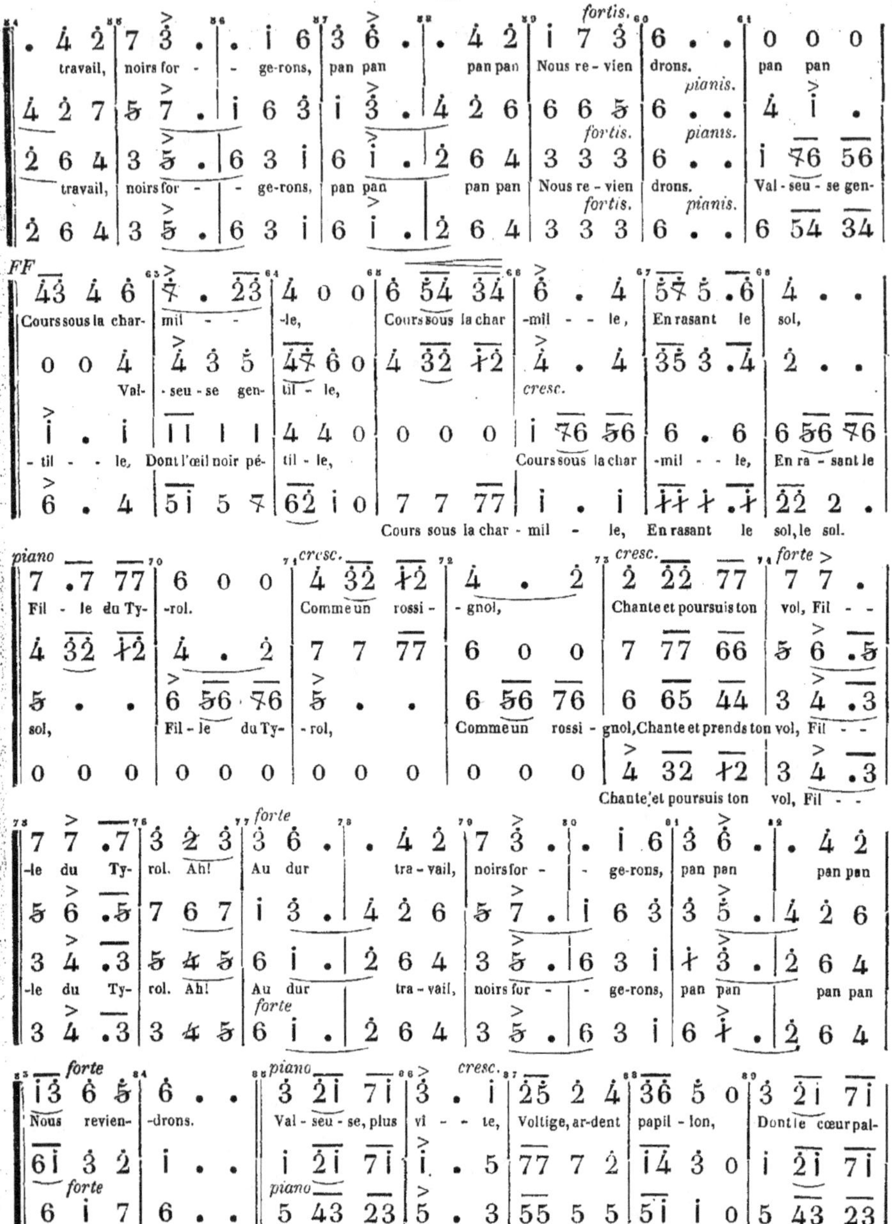

fortis.
travail, noirs for - - ge-rons, pan pan   pan pan Nous re-vien drons. pan pan
pianis.
fortis.   pianis.
travail, noirs for - - ge-rons, pan pan   pan pan Nous re-vien drons. Val-seu-se gen-
fortis.   pianis.

FF
Cours sous la char- mil - - -le, Cours sous la char -mil - - le, En rasant le sol,
Val- -seu-se gen- til - le,   cresc.
-til - - le, Dont l'œil noir pé- til - le, Cours sous la char -mil - - le, En ra-sant le
Cours sous la char - mil - le, En rasant le sol, le sol.

piano   cresc.   cresc.   forte
Fil - le du Ty- -rol. Comme un rossi - -gnol, Chante et poursuis ton vol, Fil - -
sol, Fil - le du Ty- -rol, Comme un rossi - gnol, Chante et prends ton vol, Fil - -
Chante et poursuis ton vol, Fil - -

forte
-le du Ty- rol. Ah! Au dur tra - vail, noirs for - - ge-rons, pan pan   pan pan
-le du Ty- rol. Ah! Au dur tra-vail, noirs for - - ge-rons, pan pan   pan pan
forte

forte   piano   cresc.
Nous revien- -drons. Val- seu - se, plus vi - - te, Voltige, ar-dent papil- lon, Dont le cœur pal-
forte
piano
Nous re-vien- -drons. Val- seu - se, plus vi - - te, Voltige, ar-dent papil- lon, Dont le cœur pal-
forte
piano

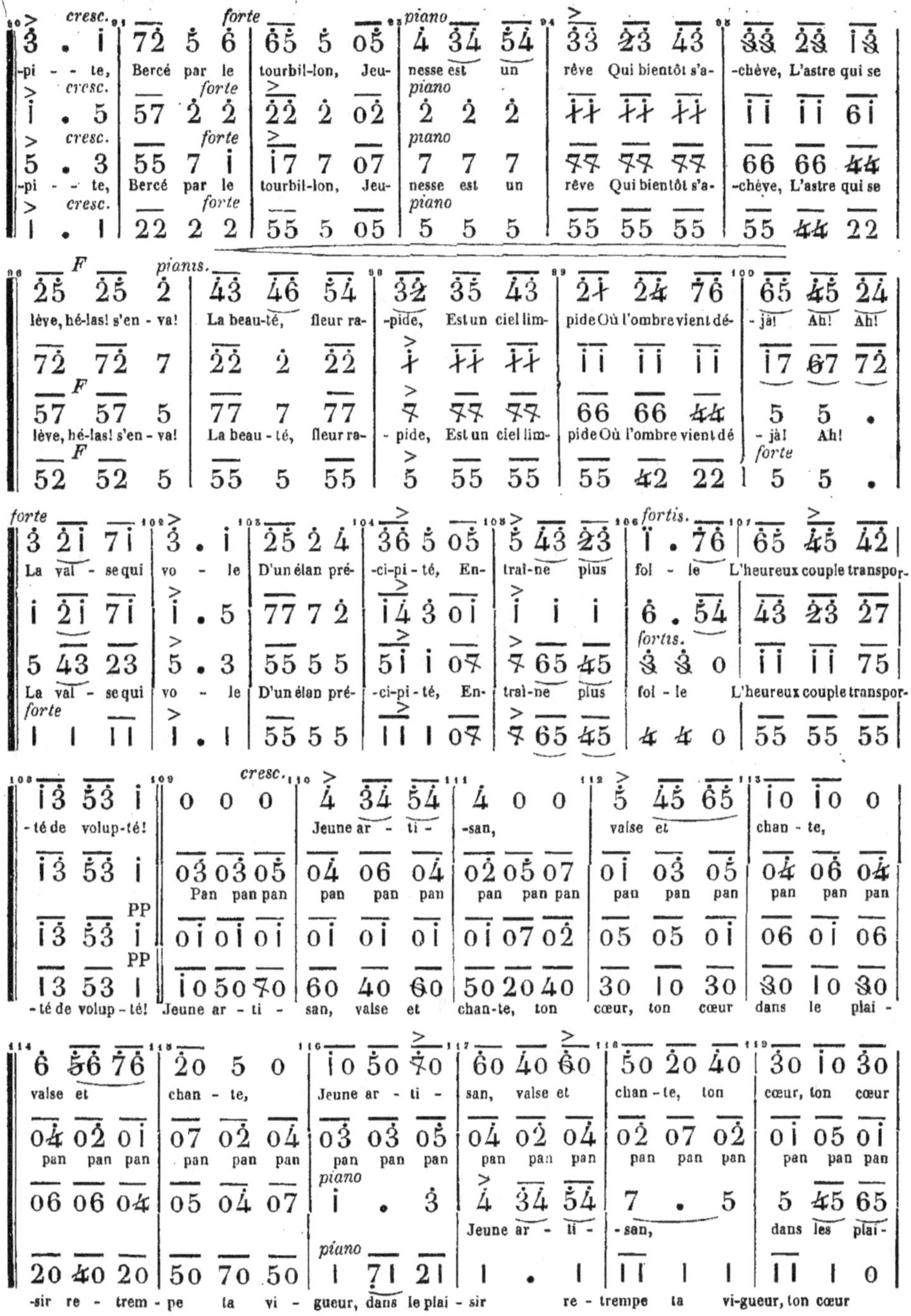

cresc. — *forte* — *piano*

-pi - - te, Bercé par le tourbil-lon, Jeu- nesse est un rêve Qui bientôt s'a- -chève, L'astre qui se

cresc. *forte* *piano*

-pi - - te, Bercé par le tourbil-lon, Jeu- nesse est un rêve Qui bientôt s'a- -chève, L'astre qui se

F — *pianis.*

lève, hé-las! s'en - va! La beau-té, fleur ra- -pide, Est un ciel lim- pide Où l'ombre vient dé- - jà! Ah! Ah!

F

lève, hé-las! s'en - va! La beau - té, fleur ra- - pide, Est un ciel lim- pide Où l'ombre vient dé- - jà! Ah!

forte

forte

La val - se qui vo - le D'un élan pré- -ci-pi - té, En- traî-ne plus fol - le L'heureux couple transpor-

fortis.

La val - se qui vo - le D'un élan pré- -ci-pi - té, En- traî-ne plus fol - le L'heureux couple transpor-

forte

cresc.

-té de volup-té! Jeune ar - ti - -san, valse et chan - te,

Pan pan pan pan pan pan pan pan pan pan pan pan pan pan pan

PP

PP

-té de volup - té! Jeune ar - ti - san, valse et chan-te, ton cœur, ton cœur dans le plai-

valse et chan - te, Jeune ar - ti - san, valse et chan - te, ton cœur, ton cœur

pan pan pan pan pan pan pan pan pan pan pan pan pan pan pan

piano

Jeune ar - ti - -san,

dans les plai-

piano

-sir re - trem - pe la vi - gueur, dans le plai - sir re - trempe ta vi-gueur, ton cœur

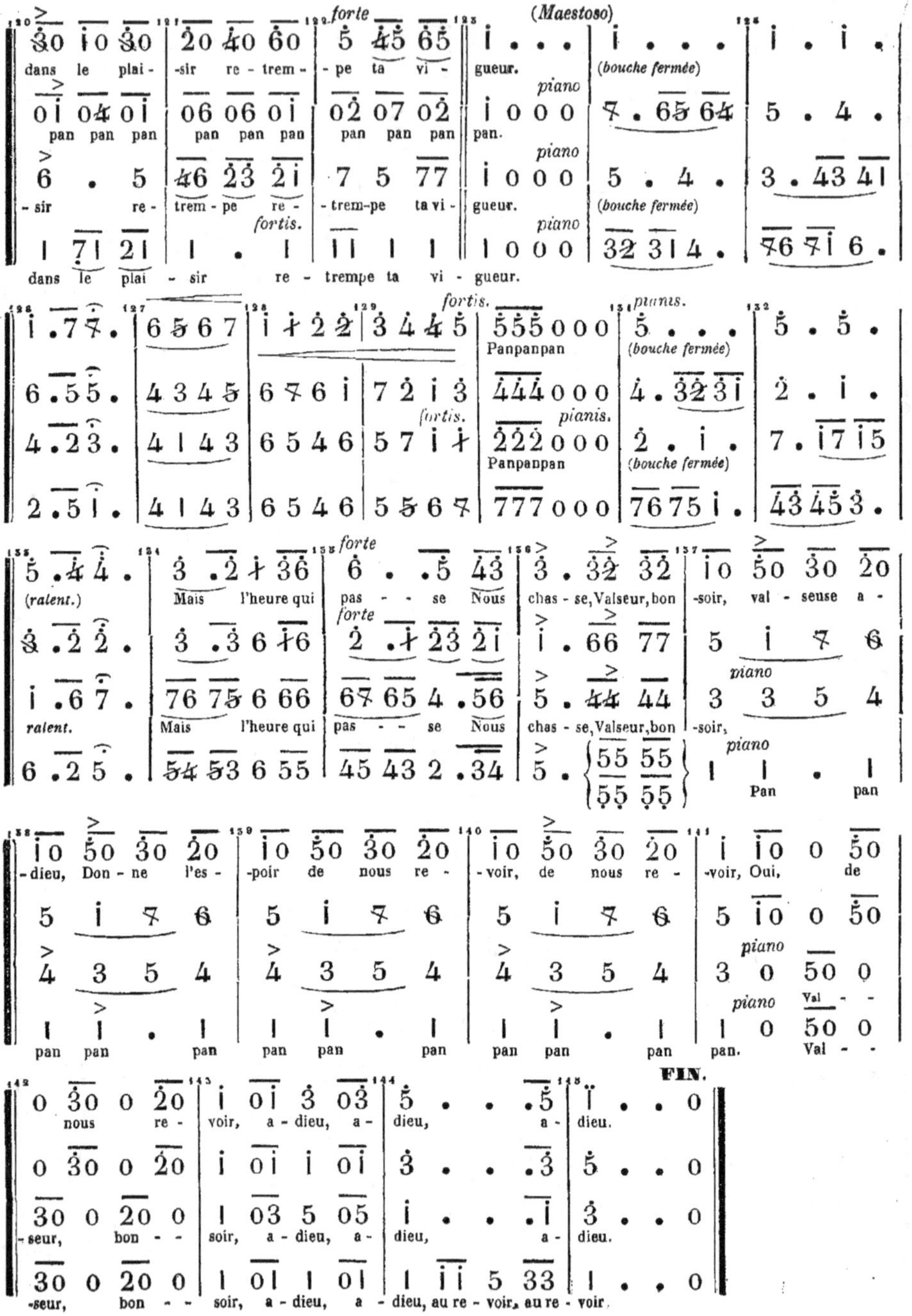

forte (Maestoso)

piano (bouche fermée)

dans le plai- -sir re-trem- -pe ta vi- gueur.

pan pan pan pan pan pan pan pan pan pan.

- sir re- trem-pe re- -trem-pe ta vi- gueur.

fortis. *piano*

dans le plai - sir re - trempe ta vi - gueur.

fortis. *pianis.* (bouche fermée)

Panpanpan

fortis. *pianis.*

Panpanpan (bouche fermée)

forte

(ralent.) Mais l'heure qui pas - - se Nous chas - se, Valseur, bon -soir, val - seuse a -

forte *piano*

ralent. Mais l'heure qui pas - se Nous chas - se, Valseur, bon -soir,

piano Pan pan

-dieu, Don - ne l'es- -poir de nous re - -voir, de nous re - -voir, Oui, de

piano

piano Val -

pan pan pan pan pan pan pan pan pan pan. Val - -

FIN.

nous re - voir, a - dieu, a - dieu, a - dieu.

-seur, bon - - soir, a - dieu, a - dieu, a - dieu.

-seur, bon - - soir, a - dieu, a - dieu, au re - voir, au re - voir.

LE DÉPART DU VAISSEAU,

Paroles d'Aimé PARIS, **Musique de G. MEYERBEER.**

(Tiré du *Crociato in Egitto*.) N° **8**

$\left(\dfrac{5}{5}\right)$ Ton d'UT. (M.M. 66.)

Staccato *cresc.*

$\frac{5}{4}$ TENORS, 0 067 | i i i 765 | 6 6i2 | 333 432 | 3 334
Le vent souffle, il faut quitter la | pla - ge, Tout est prêt pour notre long vo- | - ya - ge; A la

piano

$\frac{5}{2}$ TENORS. 0 067 | i i i 765 | 6 6i2 | 333 432 | 3 334

$\frac{3}{5}$ BASSES. 0 0 | 0 0 | 0 067 | i i i 2i7 | i i34
Le vent souffle, il faut quitter la | pla - ge; A la

piano

555 534 | 5.0 0 | 002 2 .. | 2.2 43i | 7 6 | 500 2 | 3 3 | 6 0
mer, courageux, matelots! | Pour nous | sont pas-sés les jours de re- | pos, | plus de | re - pos.

555 534 | 5.0 0 | 002 2 .. | 2.7 2i6 | 5 4 | 500 7 | i 7 | 6 0

555 534 | 5.5 534 | 5.0 0 | 0 0 | 0 00i | 2 . | 500 | 6 6 5 | 6 0
mer, courageux, matelots, allons; mate - lots! | cou - ra - - ge! | 2 3 3 | i .
plus de re - pos.

staccato

0 067 | i i i 765 | 6 6i2 | 333 432 | 3 334 | 543 3i2
Quand de- | main, menaçant notre | tê - te, En sif- | flant mugi - ra la tem- | -pê - te, Au dan- | ger nul ne devra son-
piano

0 067 | i i i 765 | 6 6i2 | 333 432 | 3 334 | 543 3i2
cresc.

0 0 | 0 0 | 0 067 | i i i 2i7 | i i34 | 543 3i2
Quand de - main siffle - ra la tem | - pê - te, Mate - lots, nul de nous au dan-

piano

3.0 0 | 007 7 .. | 707 2i6 | 5 4 | 3.0 07i | 222 432 | 3.i 67i
-ger, | Coura- | ge, voi-ci | le dan- | ger. Qu'à la | voix de l'Océan qui | gron - de, Notre

3.0 0 | 007 7 .. | 707 2i6 | 3 2 | 3.0 07i | 222 432 | 3.i 67i

3.3 3i2 | 300 0 0 0 | 005 764 | 7 7 | 3.0 0 | 0 055 | 666 i76
-ger ne devra son-ger. | Voi-ci l'heure du dan - ger. | Qu'à la voix de l'Océan qui

222 432 | 3.i 60i | 444 423 | 4.0 0 | 00i 432 | 3 . | . .
voix dans les huniers ré-pon - de. Le | marin est' roi sur les | flots. | Oui, Dieu veut que l'on - | - -
pianis

222 432 | 3.i 60i | 444 423 | 4.0 0 | 00i 432 | 3 . | . .
pianis.

550 055 | 666 66i | 444 423 | 4.4 423 | 40i 432 | 3 . | . .
gronde, Notre voix dans les huniers ré-ponde; Car les mate - lots sont rois sur les flots. Oui, Dieu veut que l'on - -

(lut)* → Ton de LA.

303 542 | i 7 | 600 | 00i | 3 4 2 | 5 5 0 | 0 0 0 | 0 0 i | 3 4 2
-de O-béisse aux ma - te- | lots. | La | houle, en ca- | den-ce, | Dé- | jà nous ba-
piano

303 542 | i 7 | 600 | 00i | i 2 7 | 3 3 0 | 0 0 0 | 0 0 i | i 2 7
-de O-béisse aux ma - te- | lots. | La | houle, en ca- | den-ce, | Dé- | jà nous ba-
piano

60i 327 | 3 3 | 600 | 00i | 5 5 7 | i i 0 | 0 0 0 | 0 0 i | 5 5 5

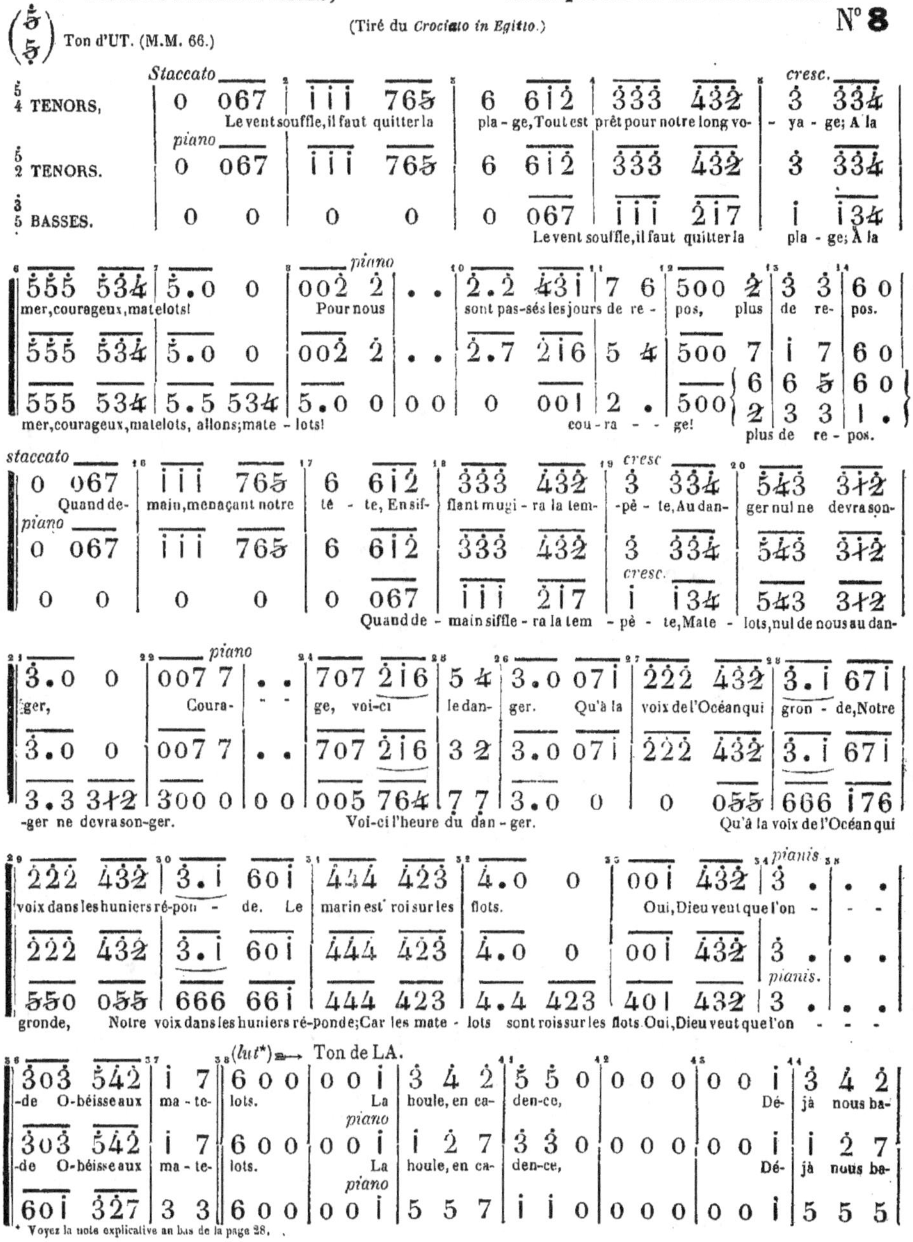

* Voyez la note explicative au bas de la page 28.

cresc.

-lan-ce,   Sur la mer im- mense;   Le vaisseau la suit, ra- pi-de,

cresc.

-lan-ce,   Sur la mer im - mens);   Le vaisseau la suit,   Pour

Pour fendre la plaine li- quide,   Lors-qu'on vient la nuit, nous avonspour gui-de le pô-le qui

fen-dre la plaine li - qui-de,   Quand l'éclat du jour s'obscur-cit, Nous a-vons pour gui-de le pô-le qui

*smi**** Ton d'UT.   *cresc.*

luit.   Ef-fa- çant les é- toiles sans nom - - bre, le so- leil va chas- ser la nuit som - - bre, Cé-

(mtè)

cresc.

luit.   Le so - leil va chas - sar la nuit som - - bre, Cé-

cresc.   *pianis.*   *mol**** Ton de LA.

-lébrons le re-tour du jour,   Dans no - tre pri- -è

pianis.

pianis.

-lébrons le re-tour du jour, Le re-tour du jour, Dans no - tre pri - è

fortis.

re!   Clar- té sa - lu- tai-re,   Ta

fortis.

re!   Clar-té sa - lu - tai-re,   Ta

vi - ve lu- mière   Fé- conde la ter- re;   Qu'el- le ré - gé- nè-re.

vi - ve lu- mière   Fé- conde la ter- re;   Qu'el- le ré - gé- nè-re.

vi-ve lu - mière Fé - conde la   terre; Elle échauffe, é - clai-re; El - le ré-gé - nè-re; C'est l'œil du Sei-gneur.

(*) LUT change *la* en *ut*; prenez l'*ut* qui suit à l'unisson,

(**) SMI change *sol* en *mi*; prenez le *ré* suivant à une seconde majeure au-dessous. — MTÈ change *mi* en *té*; prenez le *ré* suivant à une seconde mineure au-dessus.

(***) MOL change *mi* en *sol*; prenez l'*ut* suivant à une quinte majeure au-dessous.

Sa-lut, cé-les-te lu-mière! Sa-lut, cé-les-te lu-mière! De tes ray-ons l'é-ter-
Sa-lut, cé-les-te lu-mière! Sa-lut, cé-les-te lu-mière! De tes ray-ons l'é-ter-
-nel-le splen-deur du Dieu de l'u-ni-vers nous mon-tre la gran-deur, Sa-lut, pu-re lu-mière, Sa-
-nel-le splen-deur du Dieu de l'u-ni-vers nous mon-tre la gran-deur, Sa-lut, pu-re lu-
-lut, feu créa-teur, sa-lut, feu créa-teur, feu créa-teur! Sa-lut, feu créa-
-miè-re! Sa-lut, feu créa-teur! Sa-lut, feu créa-teur, feu créa-teur, feu créa-
-teur, sa-lut, feu créa-teur, feu créa-teur, feu créa-teur! Ta vi - -ve splen-
-teur! Ta vi - ve splen-
-deur, Oui, ta vi - -ve splen-deur Nous mon-tre la gran-deur d'un
-deur, Oui, ta vi - ve splen-deur Nous mon-tre la gran-deur d'un
Dieu cré-a-teur, d'un Dieu cré-a-teur, d'un Dieu cré-a-teur!
Dieu cré-a-teur, d'un Dieu cré-a-teur, d'un Dieu cré-a-teur!

LES CRIEURS DE NUIT,

Paroles de Mme DESBORDES - VALMORE,

MUSIQUE DE A. THYS.

N° 9

Ton de MI min. (M.M.50.)

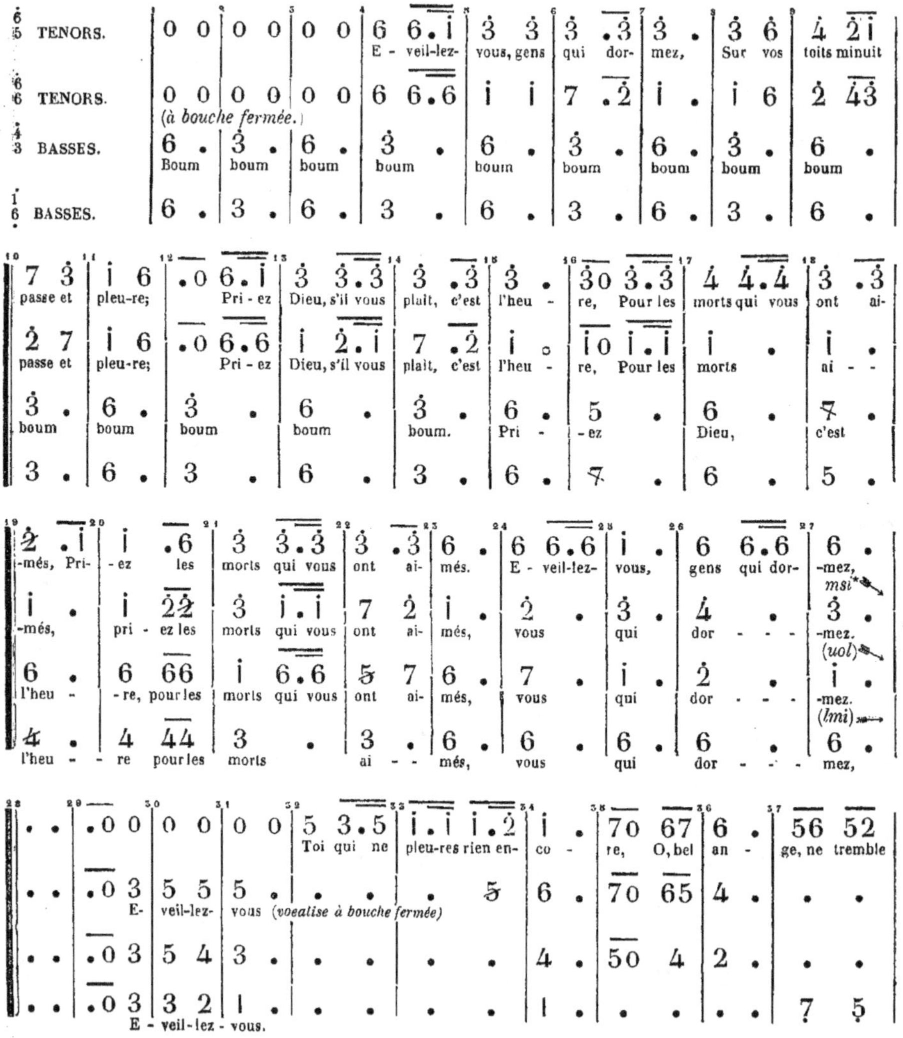

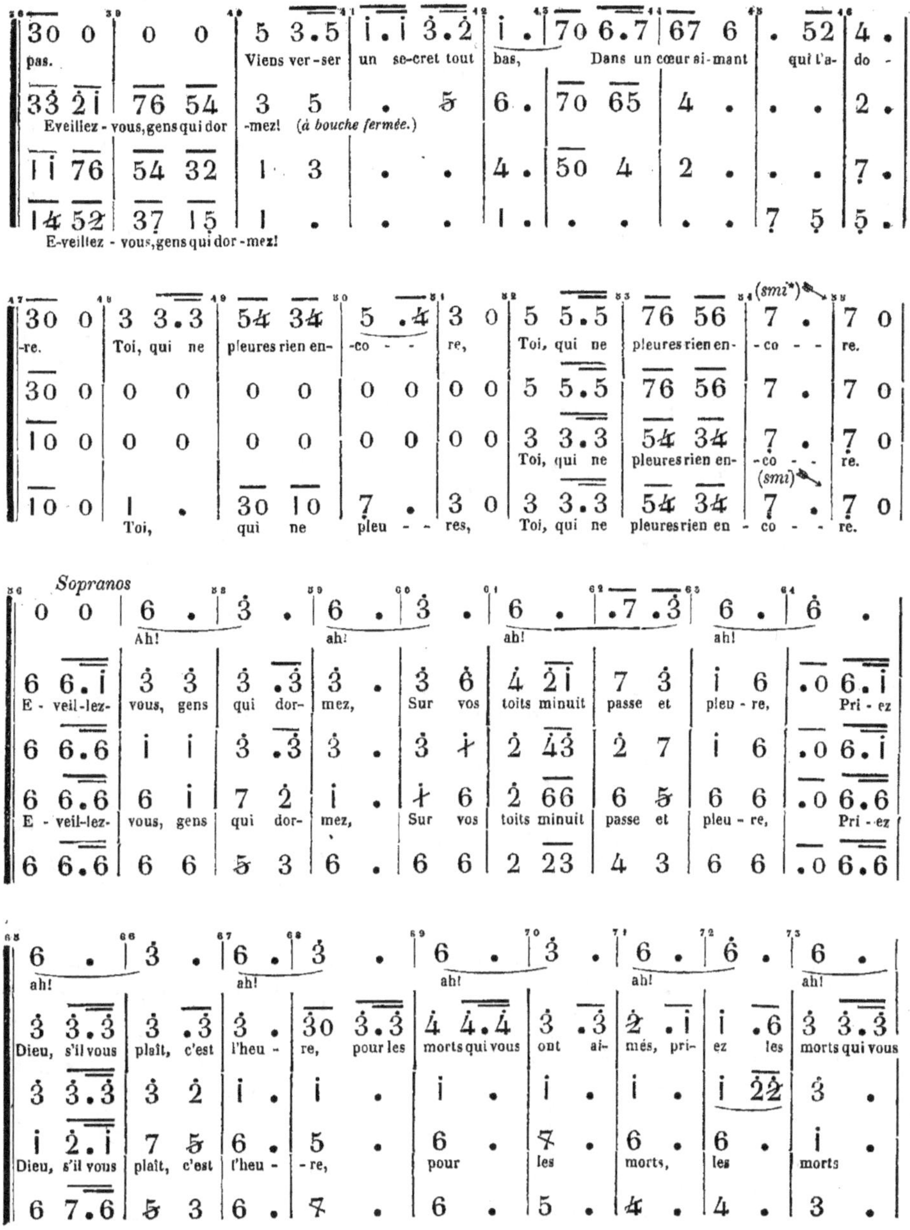

Viens ver - ser un se-cret tout bas, Dans un cœur si - mant qui t'a - do -

Eveillez - vous, gens qui dor -mez! (*à bouche fermée.*)

E-veillez - vous, gens qui dor -mez!

-re. Toi, qui ne pleures rien en- -co - - re, Toi, qui ne pleures rien en- -co - - re.

Toi, qui ne pleures rien en- -co - re. *(smi)*

Toi, qui ne pleu - - res, Toi, qui ne pleures rien en - co - - re.

Sopranos

Ah! ah! ah! ah!

E - veil-lez- vous, gens qui dor- mez, Sur vos toits minuit passe et pleu - re, Pri - ez

E - veil-lez- vous, gens qui dor- mez, Sur vos toits minuit passe et pleu - re, Pri - ez

ah! ah! ah! ah! ah!

Dieu, s'il vous plaît, c'est l'heu - re, pour les morts qui vous ont ai - més, pri - ez les morts qui vous

Dieu, s'il vous plaît, c'est l'heu - -re, pour les morts, les morts

(*) SMI change *si* en *mi*; prenez le *si* qui suit à une quarte mineure au-dessous.

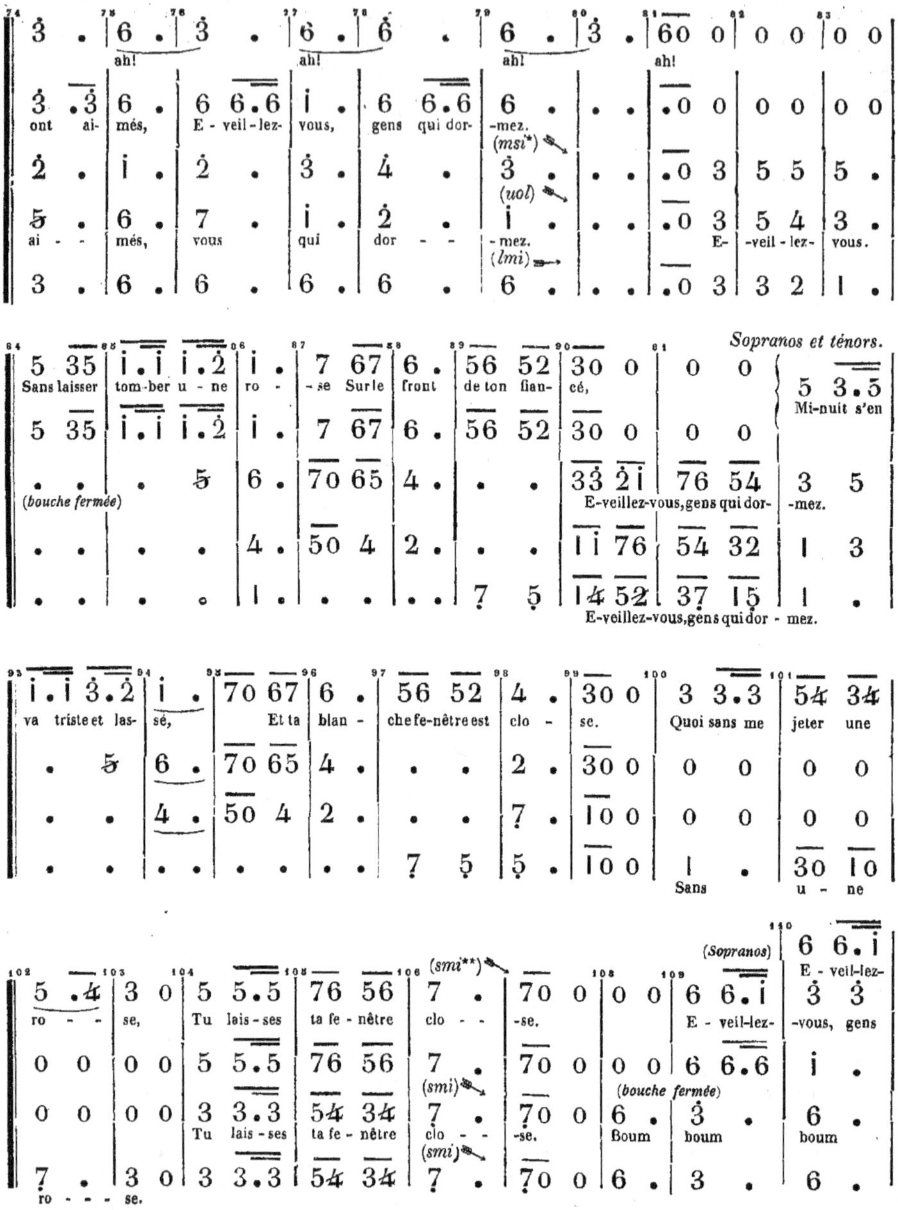

Sopranos et ténors.

ah! ah! ah! ah!
ont ai- més, E - veil - lez- vous, gens qui dor- -mez. *(msi*)*
(uol)
ai - - més, vous qui dor - - - mez. E- -veil - lez- vous.
(lmi)

Sans laisser tom-ber u - ne ro - -se Sur le front de ton fian- cé,
(bouche fermée)
Mi-nuit s'en
E-veillez-vous, gens qui dor- -mez.
E-veillez-vous, gens qui dor - mez.

va triste et las- sé, Et ta blan - che fe-nètre est clo - se. Quoi sans me jeter une
Sans u - ne

*(smi**)*
(Sopranos) E - veil-lez-
ro - - se, Tu lais - ses ta fe - nêtre clo - - -se. E - veil-lez- -vous, gens
(smi)
Tu lais - ses ta fe - nêtre clo - - -se. *(bouche fermée)*
(smi)
Boum boum boum
ro - - - se.

Paris.—Typ. de H. V. de Suncy et Cie, rue de Sèvres, 57

(*) **MSI** change *mi* en *si*; prenez le *mi* qui suit à une quinte majeure au-dessous. — **UOL** change *ut* en *sol*; prenez le *mi* suivant à une tierce mineure au-dessous. — **LMI** change *la* en *mi*; prenez le *mi* suivant à l'unisson.

(**) **SMI** change *si* en *mi*, prenez le *si* qui suit à une quarte mineure au-dessous.

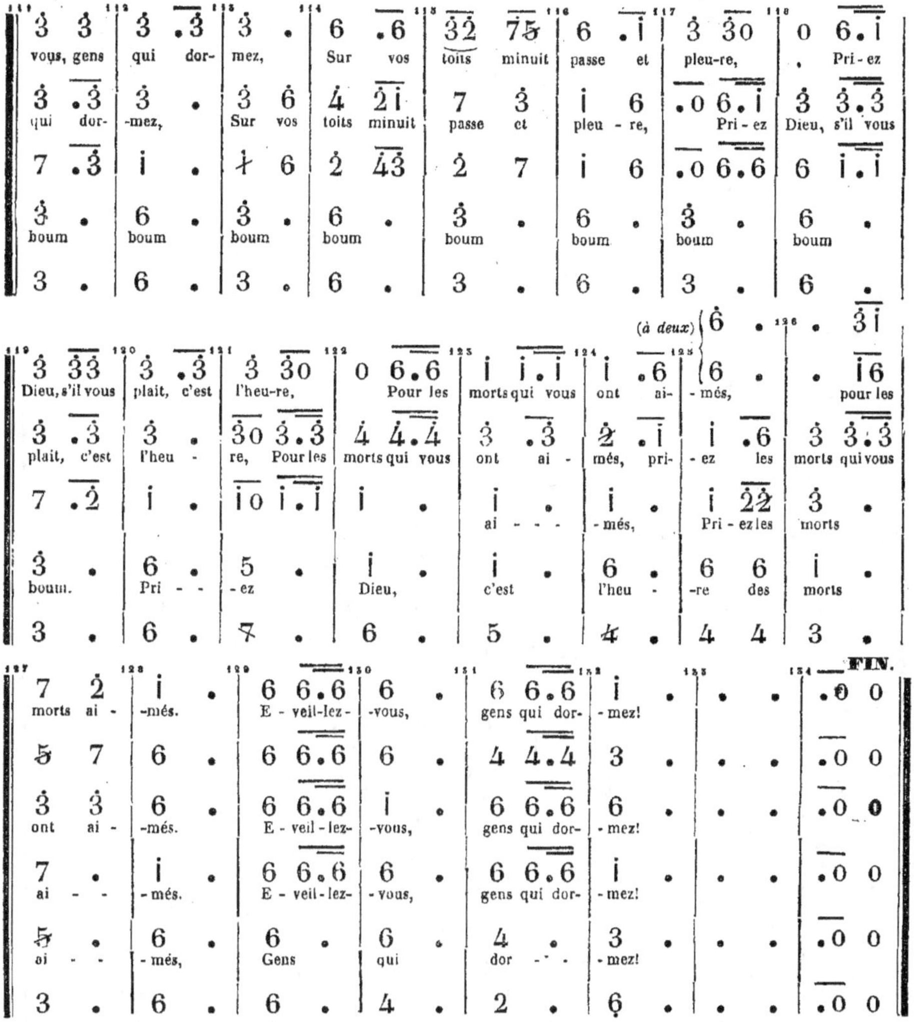
vous, gens qui dor- mez, Sur vos toits minuit passe et pleu-re, Pri - ez
qui dor- -mez, Sur vos toits minuit passe et pleu - re, Pri - ez Dieu, s'il vous
boum boum boum boum boum boum boum boum
(à deux)
Dieu, s'il vous plait, c'est l'heu-re, Pour les morts qui vous ont ai- - més, pour les
plait, c'est l'heu - re, Pour les morts qui vous ont ai - més, pri- - ez les morts qui vous
ai - - - - més, Pri - ez les morts
boum. Pri - - - ez Dieu, c'est l'heu - -re des morts
FIN.
morts ai - -més. E - veil-lez- -vous, gens qui dor- - mez!
ont ai - -més. E - veil - lez- -vous, gens qui dor- - mez!
ai - - - més. E - veil-lez- - vous, gens qui dor- - mez!
ai - - - més, Gens qui dor - - mez!

LE TRIOMPHE DE L'INDUSTRIE.

Paroles d'Aimé PARIS, **Musique de DONIZETTI.**

(Tiré de *Lucrezia Borgia.*)

(5/7) Ton d'UT. (*Allegro vivace.*)

N° 10

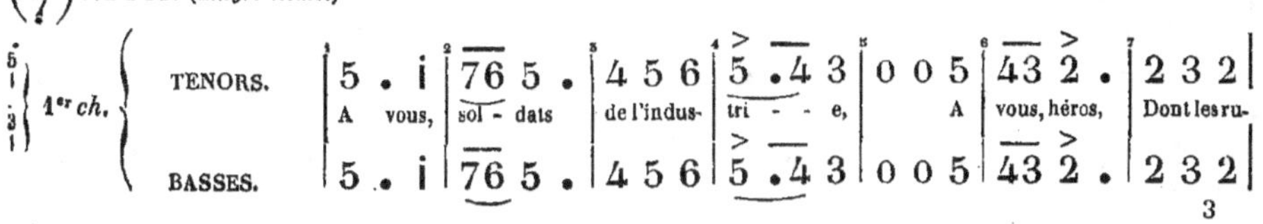
1er ch.
TENORS.
A vous, sol - dats de l'indus- tri - - e, A vous, héros, Dont les ru-
BASSES.

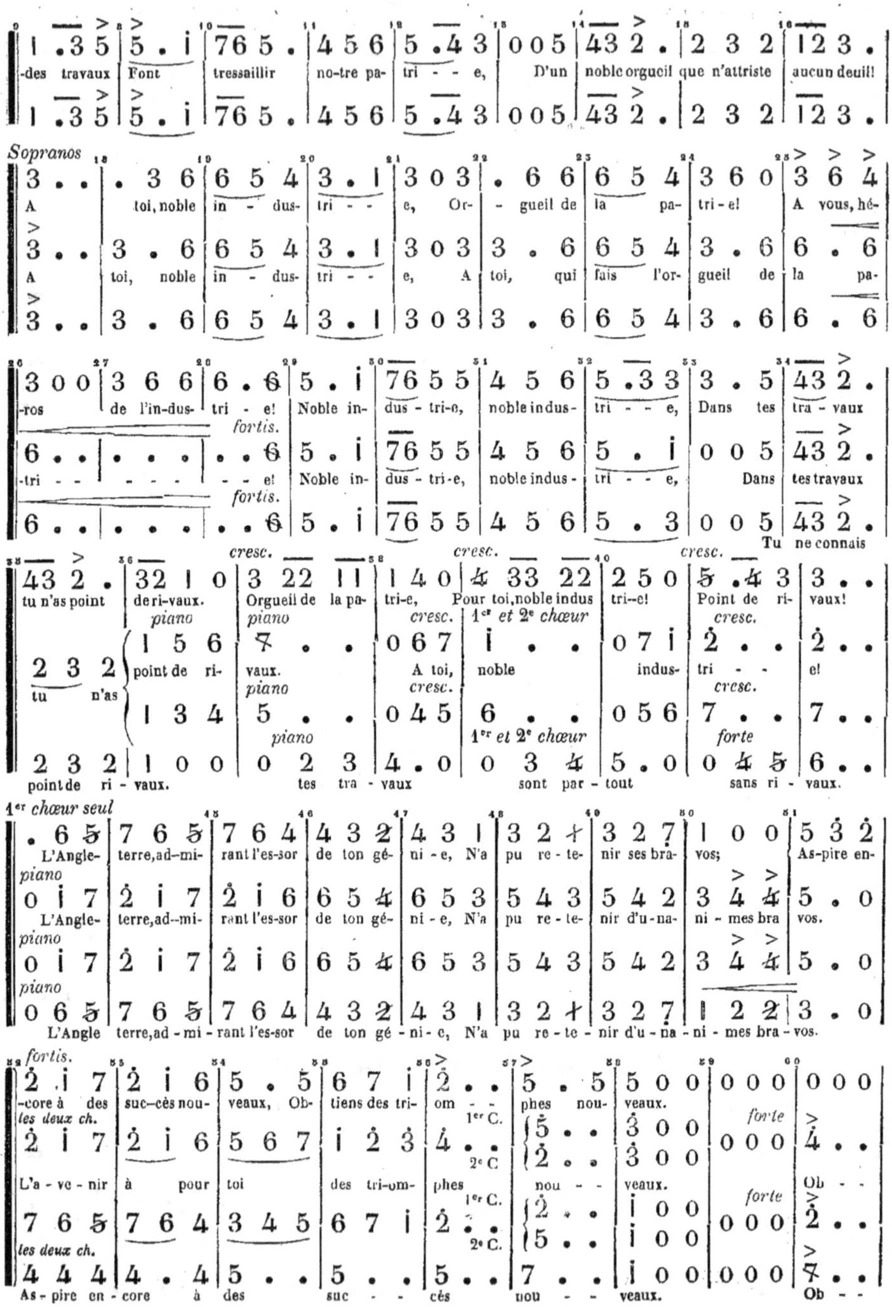

Sopranos

1er chœur seul

-des travaux Font tressaillir no-tre pa- tri - - e, D'un noble orgueil que n'attriste aucun deuil!

A toi, noble in - dus- tri - - e, Or- gueil de la pa- tri-e! A vous, hé-
A toi, noble in - dus- tri - - e, A toi, qui fais l'or- gueil de la pa-

-ros de l'in-dus- tri - e! Noble in- dus - tri-e, noble indus- tri - - e, Dans tes tra - vaux
-tri - - - e! Noble in- dus - tri-e, noble indus - tri - - e, Dans tes travaux
fortis.
Tu ne connais

tu n'as point de ri-vaux. Orgueil de la pa- tri-e, Pour toi, noble indus tri-e! Point de ri- vaux!
piano *piano* *cresc.* *1er et 2e chœur* *cresc.*
point de ri- vaux. A toi, noble indus- tri - - e!
piano *cresc.*
tu n'as point de ri- vaux. tes tra - vaux sont par - tout sans ri - vaux.
1er et 2e chœur *forte*

L'Angle- terre, ad--mi- rant l'es-sor de ton gé- ni - e, N'a pu re- te- nir ses bra- vos; As-pire en-
piano
L'Angle- terre, ad--mi- rant l'es-sor de ton gé- ni - e, N'a pu re- te- nir d'u-na- ni - mes bra vos.
piano
L'Angle terre, ad - mi- rant l'es-sor de ton gé - ni- c, N'a pu re- te - nir d'u-na- ni - mes bra - vos.

fortis.
-core à des suc-cès nou- veaux, Ob- tiens des tri- om - phes nou- veaux.
les deux ch.
1er C.
2e C.
L'a- ve- nir à pour toi des tri-om- phes nou - - veaux. *forte*
1er C.
2e C.
les deux ch.
As-pire en-core à des suc - - cés nou - - veaux. Ob --

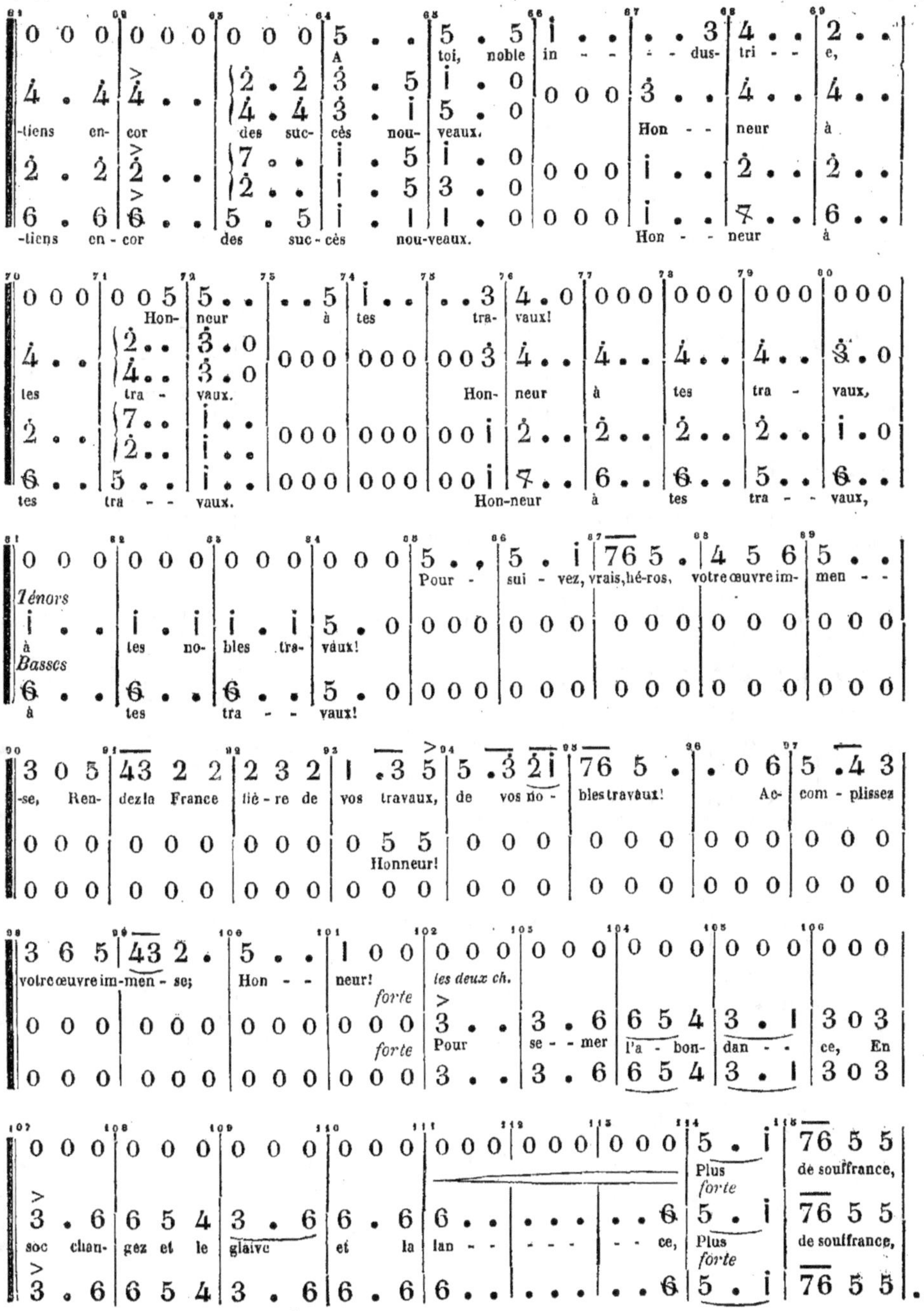

toi, noble in - - - - dus-tri - - e,
-tiens en-cor des suc-cès nou-veaux.
Hon - - neur à
-tiens en - cor des suc-cès nou-veaux.
Hon - - neur à

Hon - neur à tes tra-vaux!
les tra - vaux.
Hon - neur à tes tra - vaux,
tes tra - - vaux.
Hon-neur à tes tra - - vaux,

Pour - sui - vez, vrais, hé-ros, votre œuvre im- men - -
Ténors
à les no- bles tra-vaux!
Basses
à tes tra - - vaux!

-se, Ren- dez la France liè-re de vos travaux, de vos no - bles travaux! Ac- com - plissez
Honneur!

votre œuvre im-men - se; Hon - - neur!
les deux ch.
forte
Pour se - - mer l'a - bon- dan - - ce, En
forte

Plus
forte
de souffrance,
soc chan- gez et le glaive et la lan - - - - - - ce, Plus
forte
de souffrance,

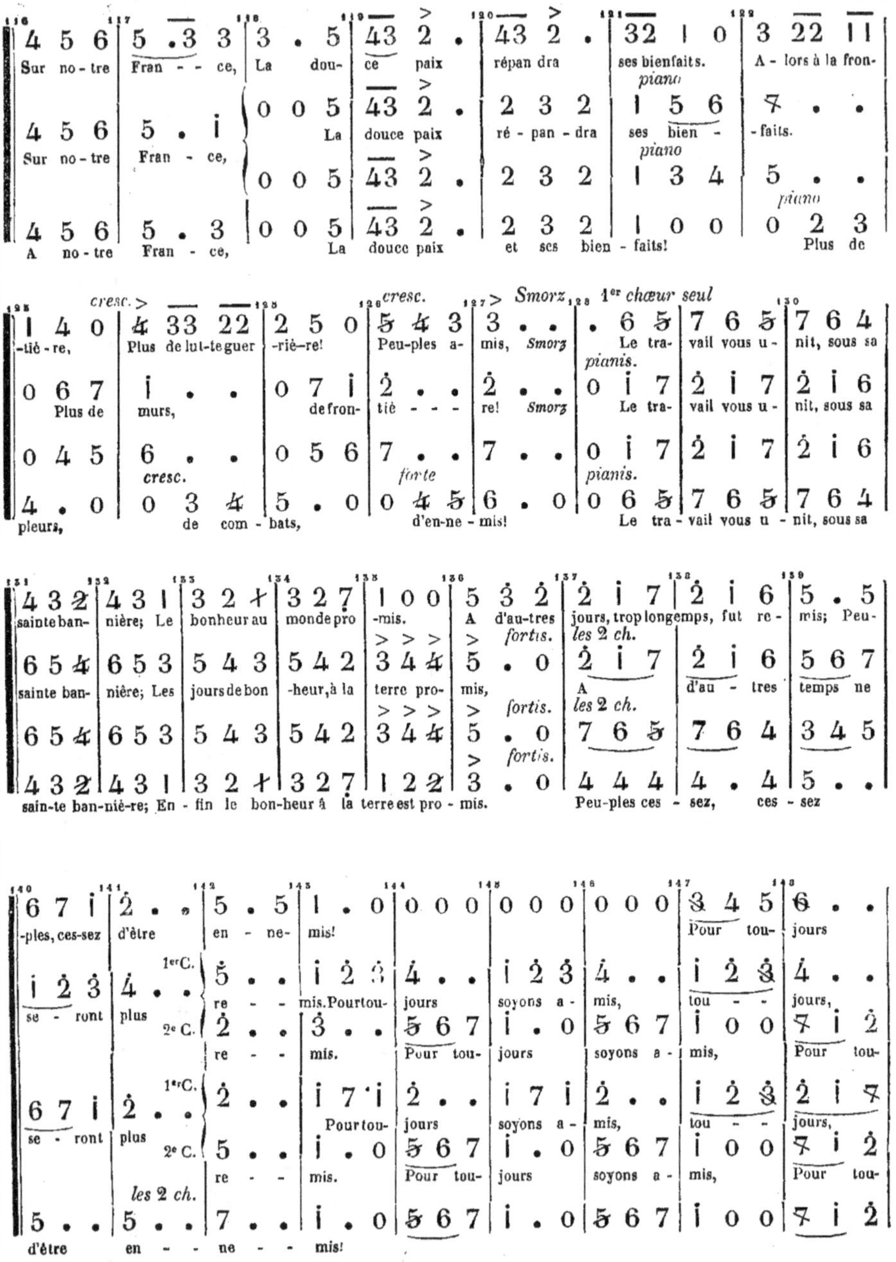

Sur no - tre Fran - - ce, La dou- ce paix répan dra ses bienfaits. A - lors à la fron-
piano

Sur no - tre Fran - ce, La douce paix ré - pan - dra ses bien - -faits.
piano

A no - tre Fran - ce, La douce paix et ses bien - faits! Plus de
piano

cresc.
-tiè - re, Plus de lut-te guer -riè—re! *cresc.* Peu-ples a - mis, *Smorz* Le tra- vail vous u - nit, sous sa
pianis.

Plus de murs, de fron- tiè - - - re! *Smorz* Le tra- vail vous u - nit, sous sa

cresc.
pleurs, de com - bats, *forte* d'en-ne - mis! *pianis.* Le tra - vail vous u - nit, sous sa

sainte ban- nière; Le bonheur au monde pro -mis. A d'au-tres jours, trop longemps, fut re - mis; Peu-
fortis. *les 2 ch.*

sainte ban- nière; Les jours de bon -heur, à la terre pro- mis, A d'au - tres temps ne
fortis. *les 2 ch.*

sain-te ban-niè-re; En - fin le bon-heur à la terre est pro - mis. *fortis.* Peu-ples ces - sez, ces - sez

-ples, ces-sez d'être en - ne- mis! Pour tou- jours

1er C.
se - ront plus re - - mis. Pour tou- jours soyons a - mis, tou - - jours,
2e C.
re - - mis. Pour tou- jours soyons a - mis, Pour tou-

1er C.
se - ront plus Pour tou- jours soyons a - mis, tou - - jours,
2e C.
re - - mis. Pour tou- jours soyons a - mis, Pour tou-

les 2 ch.
d'être en - ne - - mis!

soyons a- mis, pour tou- jours soy- ons a — — — mis,
tou — jours, tou — jours soy- ons a — mis.
jours, pour tou- jours, soy — — ons
tou — jours, tou — jours soy- ons a — — — mis.
jours, pour tou- jours soy- ons a — — — — mis.

soy — — -ons tou — — jours, soy — — -ons a — — mis!
Pour nous plus de guer — — re! soy - ons toujours a- mis! tou- jours
Pour nous plus de guer — — re! soy - ons toujours a- mis! tou- jours

soy — — -ons tou — — jours, tou — — jours a — —
a — — -mis, tou — — jours a — — -mis! Oui,
a — — -mis, tou — — jours a — — -mis! Oui,

-mis, tou- jours, tou- jours, tou — — — jours a — — -mis!
Peu - ples, nous se - rons tou- jours a — — — -mis!
Peu - ples, nous se - rons tou- jours a — — — — -mis!

FIN.

LES PLAISIRS DE LA CHASSE,

PAR

A. THYS.

N° **11**

$\binom{6}{1}$ Ton d'UT. (M.M. 112.)

forte — **fortis.**

$\overset{6}{1}$ SOPRANOS. | 005 6535 | 5 1 5 3 1 3 | 5 | . | .00 0 | 0 00 1
Tra la la la la   la la la   la la la   la,   Le

fortis.

$\overset{3}{1}$ CONTRALTOS. | 005 6535 | 5 1 5 3 1 3 | 5 | . | .00 0 | 0 005

forte — **moitié fort**

$\overset{6}{5}$ TENORS. | 0 0 | 0 0 | 003 4313 | 313 212 | 100 003
Tra la la la la la la la la la la la   Le

forte — **moitié fort**

$\overset{5}{3}$ TENORS. | 0 0 | 0 0 | 001 2151 | 131 535 | 100 001

fortis.

$\overset{3}{1}$ BASSES. | 005 6535 | 5 1 5 3 1 3 | 5 | . | .00 0 | 0 005
Tra la la la la la la la la la la la,   Le

fortis.

$\overset{3}{1}$ BASSES. | 005 6535 | 5 1 5 3 1 3 | 5 | . | .00 0 | 0 001

SOPRANOS: 1 . 1 1 . 3 | 5 3 0 1 | 1 . 1 1 . 3 | 5 3 0 3 | 1 2 5 3 | 1 2 5 3 | 1 3 1 3
cor au loin ré- son-ne, Le cor au loin ré- -son-ne, En chasse, il faut par -tir, A son si- gnal, le cor l'or-

CONTRALTOS: 5 . 6 5 . 5 | 5 5 0 5 | 5 . 6 5 . 5 | 5 5 0 5 | 5 5 5 5 | 5 5 5 5 | 5 5 3 1

TENORS: 3 . 4 3 . 1 | 3 1 0 3 | 3 . 4 3 . 1 | 3 1 0 3 | 3 4 2 5 | 3 4 2 5 | 3 3 1 3
cor au loin ré- son-ne, Le cor au loin ré- -son-ne, En chasse, il faut par -tir, A son si- gnal, le cor l'or-

TENORS: 1 . 1 1 . 1 | 1 1 0 1 | 1 . 1 1 . 1 | 1 1 0 1 | 1 2 5 5 | 1 2 5 5 | 1 1 5 1

BASSES: 5 . 6 5 . 3 | 5 3 0 5 | 5 . 6 5 . 3 | 5 3 0 5 | 5 5 5 5 | 5 5 5 5 | 5 5 1 3
cor au loin ré- son-ne, Le cor au loin ré- -son-ne, En chasse, il faut par -tir, A son si- gnal, le cor l'or-

BASSES: 1 . 1 1 . 1 | 1 1 0 1 | 1 . 1 1 . 1 | 1 1 0 5 | 5 5 5 5 | 5 5 5 5 | 5 1 3 1

---

pianis. — **en augmentant**

SOPRANOS: 5 5 0 5 | 5 . 6 5 . 3 | 5 5 0 5 | 5 . 6 5 . 3 | 5 5 0 5 | 5 5 5 5 | 5 1 2 3
-don-ne. Le cor au loin ré- -son-ne, Le cor au loin ré- -son-ne, En chasse, il faut par -tir, Allons, chas-

CONTRALTOS: 7 7 0 3 | 3 . 4 3 . 1 | 3 3 0 3 | 3 . 4 3 . 1 | 3 3 0 5 | 5 5 5 5 | 5 3 4 5

TENORS: 2 2 0 1 | 1 . 1 1 . 1 | 1 1 0 1 | 1 . 1 1 . 1 | 1 1 0 1 | 5 2 5 5 | 1 5 1 1
-don-ne. Le cor au loin ré- -son-ne, Le cor au loin ré- -son-ne, En chasse, il faut par -tir, Allons, chas-

TENORS: 7 7 0 5 | 5 . 6 5 . 3 | 5 3 0 5 | 5 . 6 5 . 3 | 5 3 0 5 | 5 5 5 5 | 5 1 1 1

BASSES: 5 5 0 3 | 3 . 4 3 . 1 | 3 1 0 3 | 3 . 4 3 . 1 | 3 1 0 3 | 3 4 2 5 | 3 7 5 1
-don-ne. Le cor au loin ré- -son-ne, Le cor au loin ré- -son-ne, En chasse, il faut par -tir, Allons, chas-

BASSES: 5 5 0 1 | 1 . 1 1 . 1 | 1 1 0 1 | 1 . 1 1 . 1 | 1 1 0 1 | 1 7 5 5 | 1 3 1 1

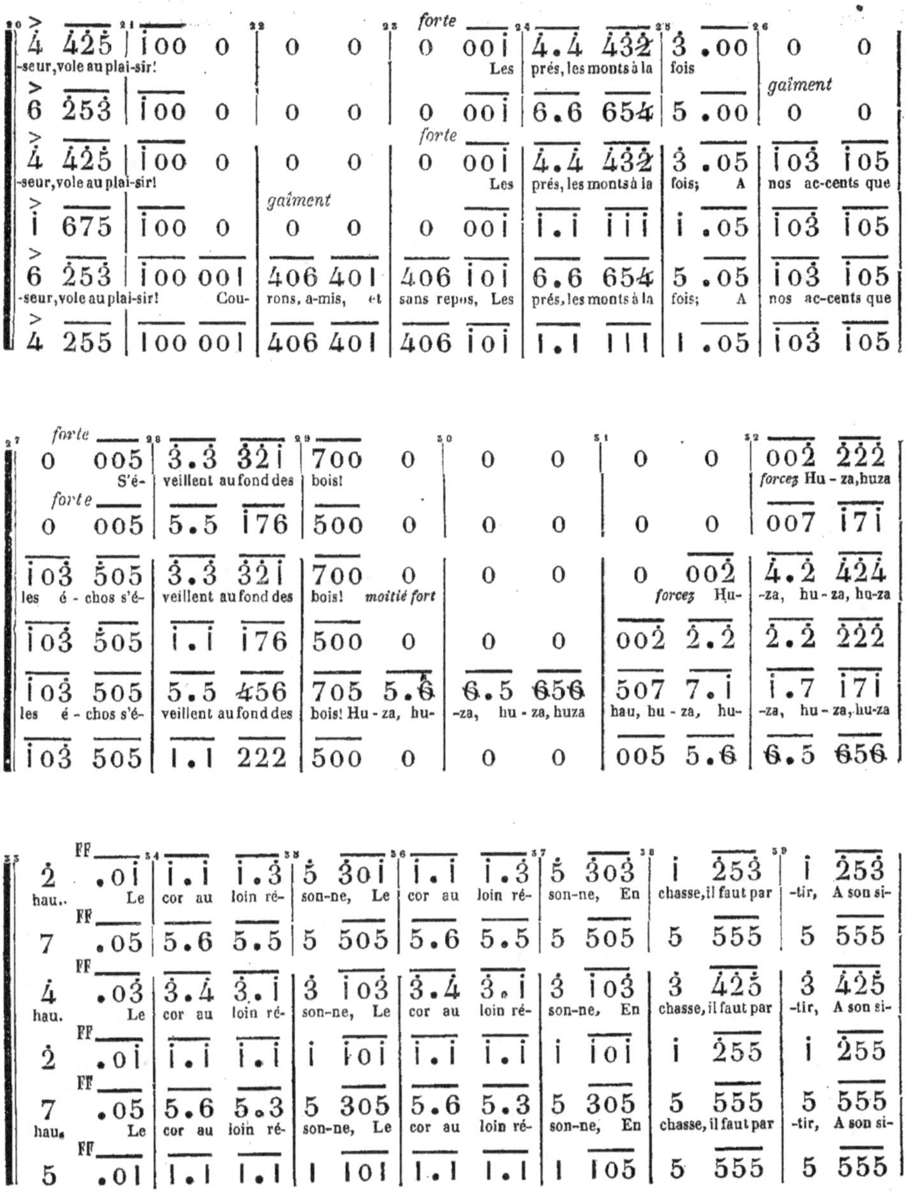

```
20  >         21                     22          23  forte      24              25          26
    4  425  | 100  0  | 0    0  | 0   001 | 4.4  432 | 3..00 | 0      0
    -seur,vole au plai-sir!                          Les  prés, les monts à la  fois
    >                                                                               gaiment
    6  253  | 100  0  | 0    0  | 0   001 | 6.6  654 | 5..00 | 0      0
    >                         forte
    4  425  | 100  0  | 0    0  | 0   001 | 4.4  432 | 3..05 | 103  105
    -seur,vole au plai-sir!                          Les  prés, les monts à la  fois;   A   nos ac-cents que
    >                gaiment
    1  675  | 100  0  | 0    0  | 0   001 | 1..1  111 | 1..05 | 103  105
    >
    6  253  | 100 001 | 406 401 | 406 101 | 6.6  654 | 5..05 | 103  105
    -seur,vole au plai-sir!   Cou-  rons, a-mis,  et  sans repos, Les  prés, les monts à la  fois;   A   nos ac-cents que
    >
    4  255  | 100 001 | 406 401 | 406 101 | 1..1  111 | 1..05 | 103  105
```

```
27  forte       28              29          30              31              32
    0   005  | 3.3  321 | 700  0  | 0    0  | 0    0  | 002  222
                  S'é- veillent au fond des  bois!                          forcez Hu - za,huza
    forte
    0   005  | 5.5  176 | 500  0  | 0    0  | 0    0  | 007  171
    103  505 | 3.3  321 | 700  0  | 0    0  | 0   002 | 4.2  424
    les  é - chos s'é- veillent au fond des  bois!  moitié fort            forcez  Hu-  -za,  hu - za, hu-za
    103  505 | 1..1  176 | 500  0  | 0    0  | 002 2..2 | 2..2  222
    103  505 | 5.5  456 | 705 5.6 | 6.5  656 | 507 7..1 | 1..7  171
    les  é - chos s'é- veillent au fond des  bois! Hu - za, hu-  -za,  hu - za, huza  hau, hu - za, hu-  -za,  hu - za,hu-za
    103  505 | 1..1  222 | 500  0  | 0    0  | 005 5.6 | 6.5  656
```

```
33  FF          34          35          36          37          38          39
    2  ..01 | 1..1  1.3 | 5  301 | 1..1  1.3 | 5  303 | 1  253 | 1  253
    hau..     Le  cor au  loin ré- son-ne, Le  cor au  loin ré- son-ne, En  chasse, il faut par  -tir, A son si-
    FF
    7  ..05 | 5.6  5.5 | 5  505 | 5.6  5.5 | 5  505 | 5  555 | 5  555
    FF
    4  ..03 | 3.4  3..1 | 3  103 | 3.4  3..1 | 3  103 | 3  425 | 3  425
    hau.      Le  cor au  loin ré- son-ne, Le  cor au  loin ré- son-ne, En  chasse, il faut par  -tir, A son si-
    FF
    2  ..01 | 1..1  1..1 | 1  101 | 1..1  1..1 | 1  101 | 1  255 | 1  255
    FF
    7  ..05 | 5.6  5.3 | 5  305 | 5.6  5.3 | 5  305 | 5  555 | 5  555
    hau.      Le  cor au  loin ré- son-ne, Le  cor au  loin ré- son-ne, En  chasse, il faut par  -tir, A son si-
    FF
    5  ..01 | 1..1  1..1 | 1  101 | 1..1  1..1 | 1  105 | 5  555 | 5  555
```

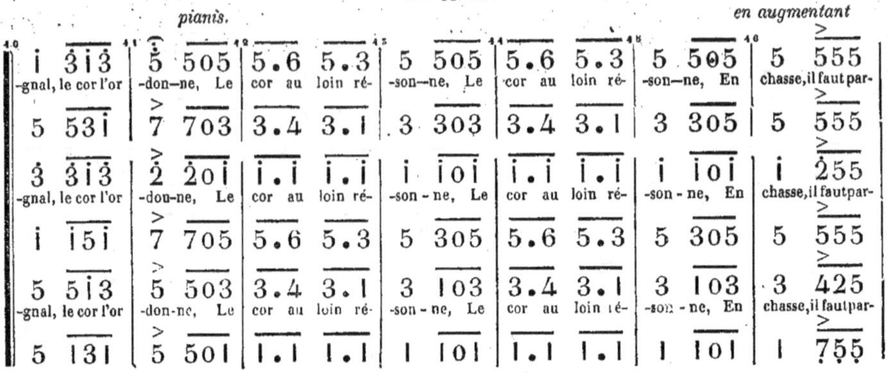

pianis.   *en augmentant*

| i 3i3 | 5 505 | 5.6 5.3 | 5 505 | 5.6 5.3 | 5 505 | 5 555 |

-gnal, le cor l'or -don—ne, Le cor au loin ré- -son—ne, Le cor au loin ré- -son—ne, En chasse,il faut par-

| 5 53i | 7 703 | 3.4 3.i | 3 303 | 3.4 3.i | 3 305 | 5 555 |
| 3 3i3 | 2 20i | i.i i.i | i i0i | i.i i.i | i i0i | i 255 |

-gnal, le cor l'or -don-ne, Le cor au loin ré- -son - ne, Le cor au loin ré- -son - ne, En chasse,il fautpar-

| i i5i | 7 705 | 5.6 5.3 | 5 305 | 5.6 5.3 | 5 305 | 5 555 |
| 5 5i3 | 5 503 | 3.4 3.i | 3 i03 | 3.4 3.i | 3 i03 | 3 425 |

-gnal, le cor l'or -don-ne, Le cor au loin ré- -son - ne, Le cor au loin ré- -son - ne, En chasse,il fautpar-

| 5 i3i | 5 50i | i.i i.i | i i0i | i.i i.i | i i0i | i 755 |

---

doux en augmentant

| 5 i23 | 4 425 | i00 0 | 0 0 | 0 0 | 0 0 | 007 i02 |

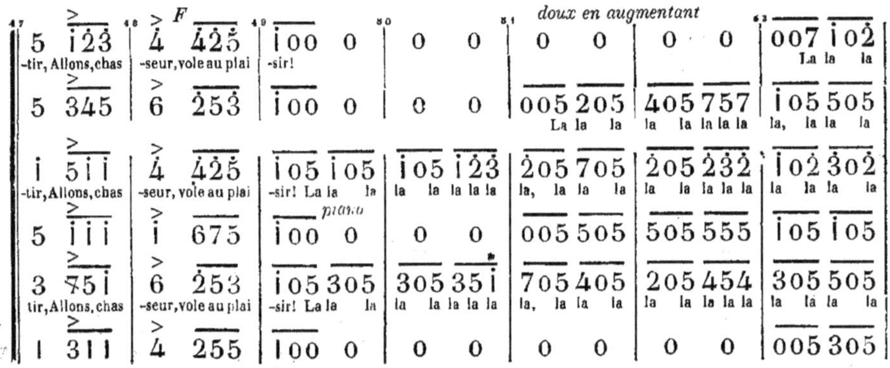

-tir, Allons,chas -seur,vole au plai -sir!   La la la

| 5 345 | 6 253 | i00 0 | 0 0 | 005 205 | 405 757 | i05 505 |

La la la   la la la la la   la, la la la

| i 5ii | 4 425 | i05 i05 | i05 i23 | 205 705 | 205 232 | i02 302 |

-tir,Allons,chas -seur,vole au plai -sir! La la   la   la la la la la   la, la la la   la la la la la   la la la la

piano

| 5 iii | i 675 | i00 0 | 0 0 | 005 505 | 505 555 | i05 i05 |
| 3 75i | 6 253 | i05 305 | 305 35i | 705 405 | 205 454 | 305 505 |

tir,Allons,chas -seur,vole au plai -sir! La la   la   la la la la la   la, la la la   la la la la la   la la   la

| i 3ii | 4 255 | i00 0 | 0 0 | 0 0 | 0 0 | 005 305 |

| 305 543 | 204 204 | 2.2 454 | 3 .00 | 0 0 | 0 0 | 0 0 |

la la la la la   la la la la   la la la la la   la

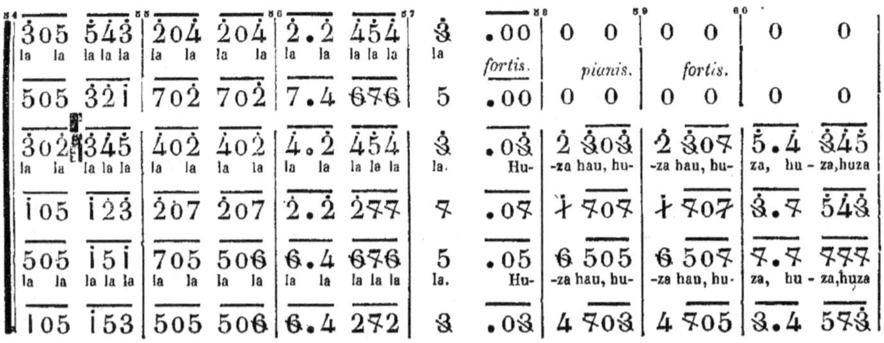

fortis.   *pianis.*   *fortis.*

| 505 32i | 702 702 | 7.4 676 | 5 .00 | 0 0 | 0 0 | 0 0 |
| 302 345 | 402 402 | 4.2 454 | 3 .03 | 2 303 | 2 307 | 5.4 345 |

la la la la la   la la la la   la la la la la   la.   Hu- -za hau, hu- -za hau, bu- za, hu - za,huza

| i05 i23 | 207 207 | 2.2 277 | 7 .07 | 7 707 | 7 707 | 3.7 543 |
| 505 i5i | 705 506 | 6.4 676 | 5 .05 | 6 505 | 6 507 | 7.7 777 |

la la la la la   la la la la   la la la la la   la.   Hu- -za hau, hu- -za hau, hu- za, hu - za,huza

| i05 i53 | 505 506 | 6.4 272 | 3 .03 | 4 703 | 4 705 | 3.4 573 |

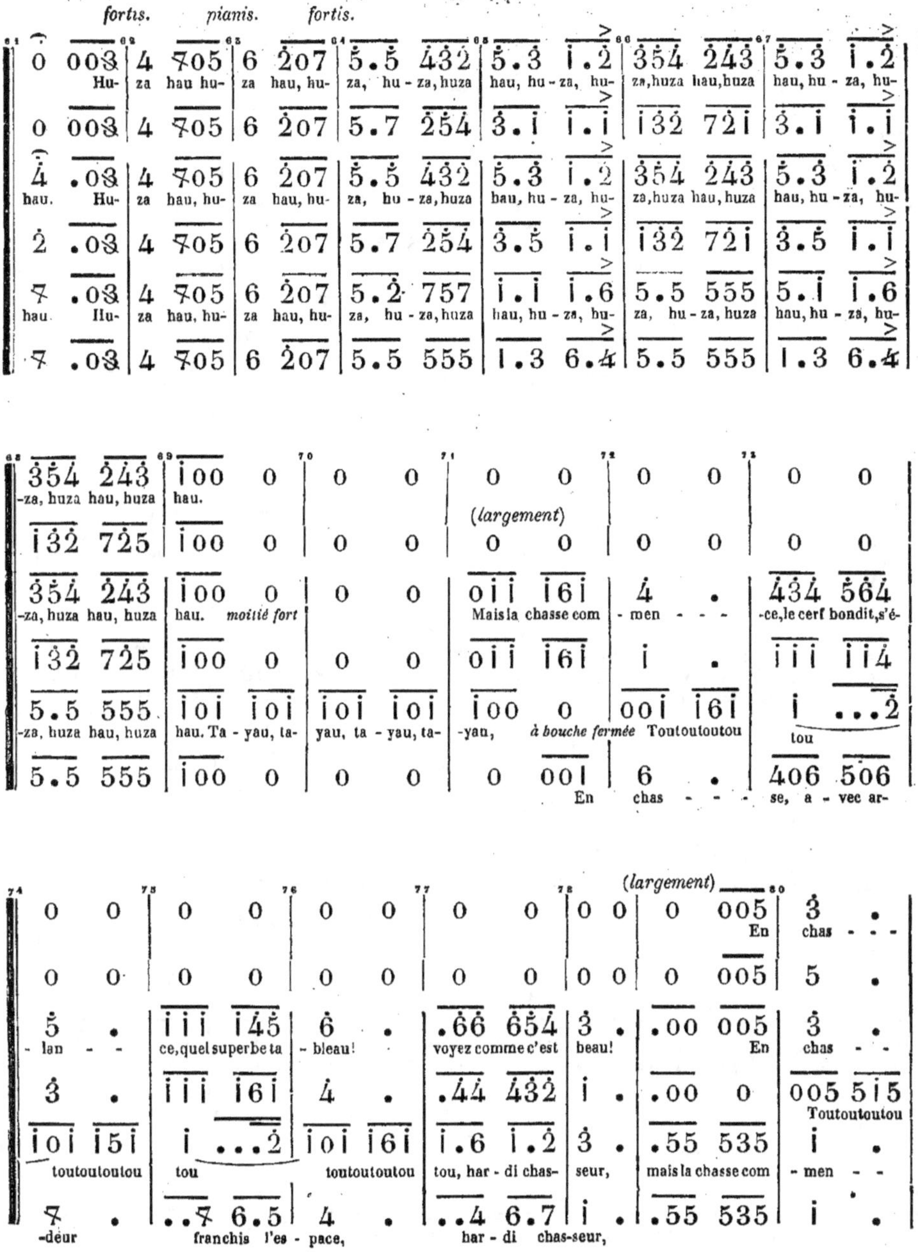

fortis.   *pianis.*   *fortis.*

0   003 | 4 705 | 6 207 | 5.5 432 | 5.3 1.2 | 354 243 | 5.3 1.2
Hu- za hau hu- za hau, hu- za, hu- za, huza hau, hu- za, hu- za, huza hau, huza hau, hu- za, hu-

0   003 | 4 705 | 6 207 | 5.7 254 | 3.1 1.1 | 132 721 | 3.1 1.1

4 .03 | 4 705 | 6 207 | 5.5 432 | 5.3 1.2 | 354 243 | 5.3 1.2
hau. Hu- za hau, hu- za hau, hu- za, hu - za, huza hau, hu - za, hu- za, huza hau, huza hau, hu - za, hu-

2 .03 | 4 705 | 6 207 | 5.7 254 | 3.5 1.1 | 132 721 | 3.5 1.1

7 .03 | 4 705 | 6 207 | 5.2 757 | 1.1 1.6 | 5.5 555 | 5.1 1.6
hau. Hu- za hau, hu- za hau, hu- za, hu - za, huza hau, hu - za, hu- za, huza hau, hu - za, hu-

7 .03 | 4 705 | 6 207 | 5.5 555 | 1.3 6.4 | 5.5 555 | 1.3 6.4

---

354 243 | 100   0 | 0   0 | 0   0 | 0   0 | 0   0
-za, huza hau, huza hau.

(largement)

132 725 | 100   0 | 0   0 | 0   0 | 0   0 | 0   0

354 243 | 100   0 | 0   0 | 011 161 | 4   . | 434 564
-za, huza hau, huza hau. *moitié fort*   Mais la chasse com - men - - - -ce, le cerf bondit, s'é-

132 725 | 100   0 | 0   0 | 011 161 | 1   . | 111 114

5.5 555 | 101 101 | 101 101 | 100   0 | 001 161 | 1 ...2
-za, huza hau, huza hau. Ta - yau, ta- yau, ta - yau, ta- -yau, *à bouche fermée* Toutoutoutou   tou

5.5 555 | 100   0 | 0   0 | 0   001 | 6   . | 406 506
   En chas - - - se, a - vec ar-

(largement)

0   0 | 0   0 | 0   0 | 0   0 | 0 0 | 0   005 | 3   .
   En chas - - -

0   0 | 0   0 | 0   0 | 0   0 | 0 0 | 0   005 | 5   .

5   . | 111 145 | 6   . | .66 654 | 3 . | .00 005 | 3   .
- lan - - ce, quel superbe ta - bleau! voyez comme c'est beau!   En chas - -

3   . | 111 161 | 4   . | .44 432 | 1 . | .00 0 | 005 515
Toutoutoutou

101 151 | 1 ...2 | 101 161 | 1.6 1.2 | 3 . | .55 535 | 1   .
toutoutoutou tou toutoutoutou tou, har - di chas- seur, mais la chasse com - men - -

7   . | ..7 6.5 | 4   . | ..4 6.7 | 1 . | .55 535 | 1   .
-deur franchis l'es - pace, har - di chas-seur,

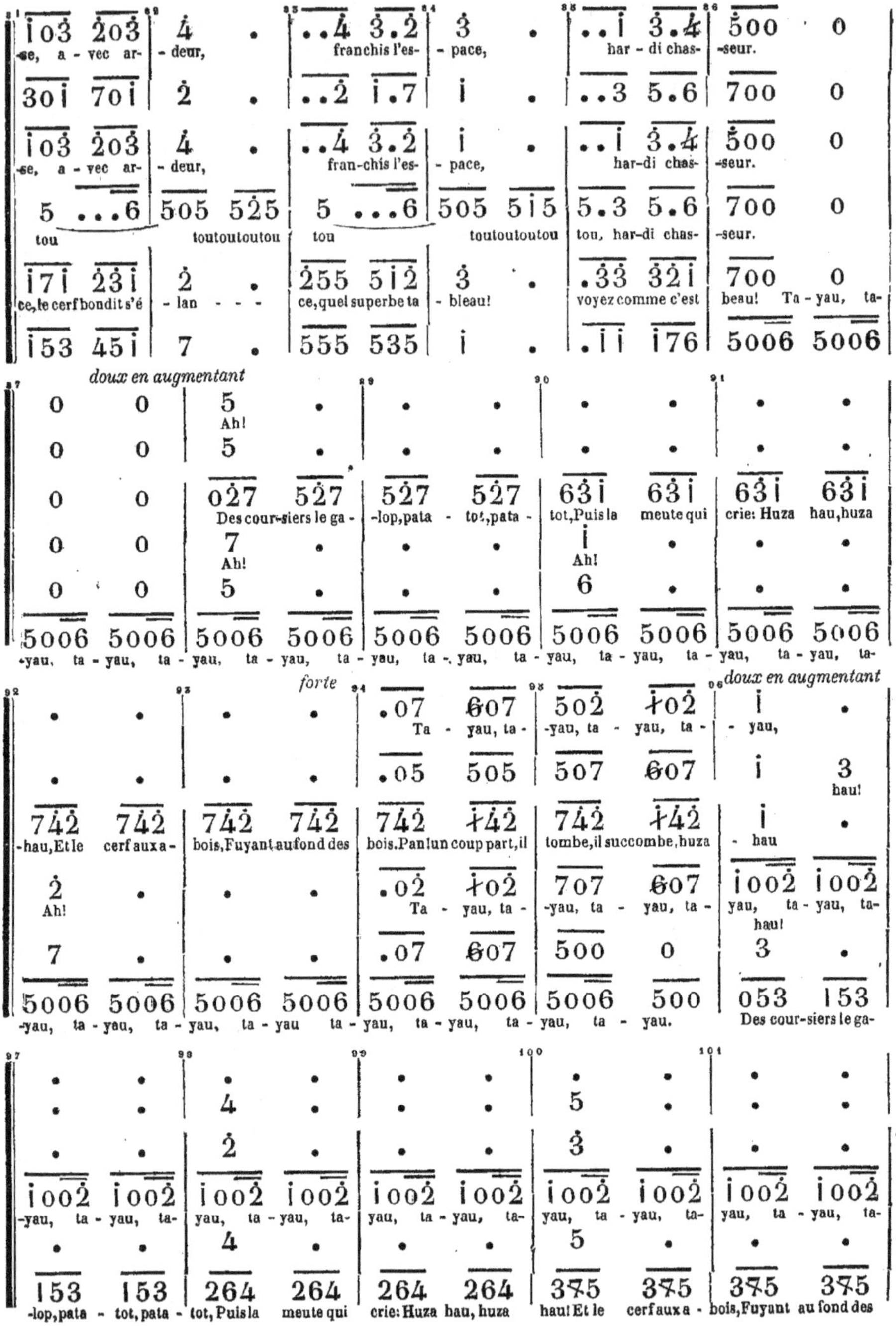
-se, a - vec ar- - deur, franchis l'es- - pace, har - di chas- -seur.
-se, a - vec ar- - deur, fran-chis l'es- - pace, har-di chas- -seur.
tou toutoutoutou tou toutoutoutou tou, har-di chas- -seur.
ce, le cerf bondit s'é - lan - - - ce, quel superbe ta - bleau! voyez comme c'est beau! Ta - yau, ta-
doux en augmentant
Ah!
Des cour-siers le ga - -lop, pata - tot, pata - tot, Puis la meute qui crie: Huza hau, huza
Ah! Ah!
-yau, ta - yau, ta - yau, ta - yau, ta - yau, ta - yau, ta - yau, ta - yau, ta - yau, ta - yau, ta-
forte
doux en augmentant
Ta - yau, ta - -yau, ta - yau, ta - - yau,
hau!
-hau, Et le cerf aux a - bois, Fuyant au fond des bois. Pan! un coup part, il tombe, il succombe, huza - hau
Ah! Ta - yau, ta - -yau, ta - yau, ta - yau, ta - yau, ta-
hau!
-yau, ta - yau, ta - yau, ta - yau ta - yau, ta - yau, ta - yau, ta - yau.
Des cour-siers le ga-
-yau, ta - yau, ta- yau, ta - yau, ta- yau, ta - yau, ta- yau, ta - yau, ta- yau, ta - yau, ta-
-lop, pata - tot, pata - tot, Puis la meute qui crie: Huza hau, huza hau! Et le cerf aux a - bois, Fuyant au fond des

forte · *fortis.*

Pan! · · il · · tom - - - be! Vic- toi- -re! Sonnez du

Pan! · · il · · tom - - - be! Vic- toi- -re! Sonnez du

-yau, ta - yau, ta- yau, ta - yau, ta- yau, ta - yau, ta- yau! Vic- toi- -re! Sonnez du

Pan? · · il · · tombe, huza hau, huza hau! Vic- toi- -re! Sonnez du

bois, Pan! un coup part il tombe et sou-dain il suc - com - - - be! Vic- toi - - re! Sonnez du

forte

cor! La la la la · la la la la · la la la la · la, Chas- seurs, · Le cerf est mort! La · la la la · la la la · la la la

cor! · · Chas- seurs, · Le cerf est mort!

cor! · · Chas - seurs, · Le cerf est mort!

la. · · *Forte* · *en diminuant* · · *doux et en diminuant* · · est · mort!

Le · cerf · est · mort! · Le · cerf · est

Le · cerf · est · mort! · Le · cerf · est

mort! · Fan- -fa - re, fan- -fa - re, no- tre tri-om-phe se prépare, fan-

mort! · Fan- -fa - re, fan- -fa - re, no- tre tri-om-phe se prépare, fan-

mort! Ta- yau, ta - yau, ta - yau, ta - yau, ta - yau, ta - yau, ta - yau, ta - yau, ta - yau, ta - yau, ta - yau, ta-

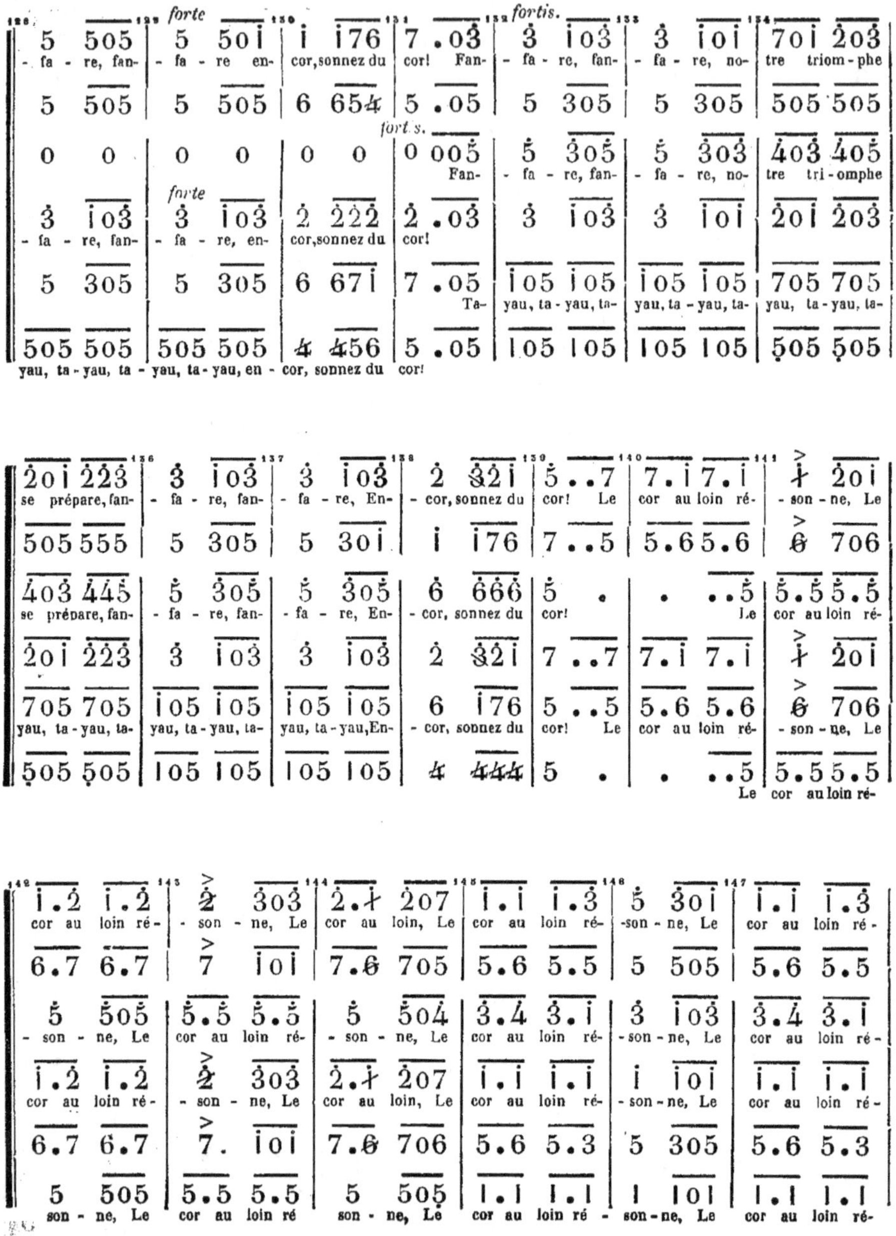

forte *fortis.*

5 505 | 5 50i | i i76 | 7 .o3 | 3 io3 | 3 ioi | 7oi 2o3
-fa - re, fan- | -fa - re en- | cor, sonnez du | cor! Fan- | -fa - re, fan- | -fa - re, no- | tre triom-phe

5 505 | 5 505 | 6 654 | 5 .05 | 5 305 | 5 305 | 505 505

forts.

0 0 | 0 0 | 0 0 | 0 005 | 5 305 | 5 303 | 403 405
Fan- | -fa - re, fan- | -fa - re, no- | tre tri -omphe

forte

3 io3 | 3 io3 | 2 222 | 2 .o3 | 3 io3 | 3 ioi | 2oi 2o3
-fa - re, fan- | -fa - re, en- | cor, sonnez du | cor!

5 305 | 5 305 | 6 67i | 7 .05 | i05 i05 | i05 i05 | 705 705
Ta- | yau, ta - yau, ta- | yau, ta - yau, ta- | yau, ta - yau, ta-

505 505 | 505 505 | 4 456 | 5 .05 | i05 i05 | i05 i05 | 505 505
yau, ta - yau, ta - yau, ta - yau, en - cor, sonnez du cor!

2oi 223 | 3 io3 | 3 io3 | 2 32i | 5 ..7 | 7.i 7.i | 4 2oi
se prépare, fan- | -fa - re, fan- | -fa - re, En- | -cor, sonnez du | cor! Le | cor au loin ré- | -son - ne, Le

505 555 | 5 305 | 5 30i | i i76 | 7 ..5 | 5.6 5.6 | 6 706

403 445 | 5 305 | 5 305 | 6 666 | 5 . | . ..5 | 5.5 5.5
se prépare, fan- | -fa - re, fan- | -fa - re, En- | -cor, sonnez du | cor! | | Le cor au loin ré-

2oi 223 | 3 io3 | 3 io3 | 2 32i | 7 ..7 | 7.i 7.i | 4 2oi

705 705 | i05 i05 | i05 i05 | 6 i76 | 5 ..5 | 5.6 5.6 | 6 706
yau, ta - yau, ta- | yau, ta - yau, ta- | yau, ta - yau, En- | -cor, sonnez du | cor! Le | cor au loin ré- | -son - ne, Le

505 505 | i05 i05 | i05 i05 | 4 444 | 5 . | . ..5 | 5.5 5.5
| | | | | | Le cor au loin ré-

i.2 i.2 | 2 303 | 2.4 207 | i.i i.3 | 5 30i | i.i i.3
cor au loin ré- | - son - ne, Le | cor au loin, Le | cor au loin ré- | -son - ne, Le | cor au loin ré-

6.7 6.7 | 7 ioi | 7.6 705 | 5.6 5.5 | 5 505 | 5.6 5.5

5 505 | 5.5 5.5 | 5 504 | 3.4 3.i | 3 io3 | 3.4 3.i
- son - ne, Le | cor au loin ré- | - son - ne, Le | cor au loin ré- | -son - ne, Le | cor au loin ré-

i.2 i.2 | 2 303 | 2.4 207 | i.i i.i | i ioi | i.i i.i
cor au loin ré- | - son - ne, Le | cor au loin, Le | cor au loin ré- | -son - ne, Le | cor au loin ré-

6.7 6.7 | 7. ioi | 7.6 706 | 5.6 5.3 | 5 305 | 5.6 5.3

5 505 | 5.5 5.5 | 5 505 | i.i i.i | i ioi | i.i i.i
son - ne, Le | cor au loin ré | son - ne, Le | cor au loin ré - son - ne, Le | cor au loin ré-

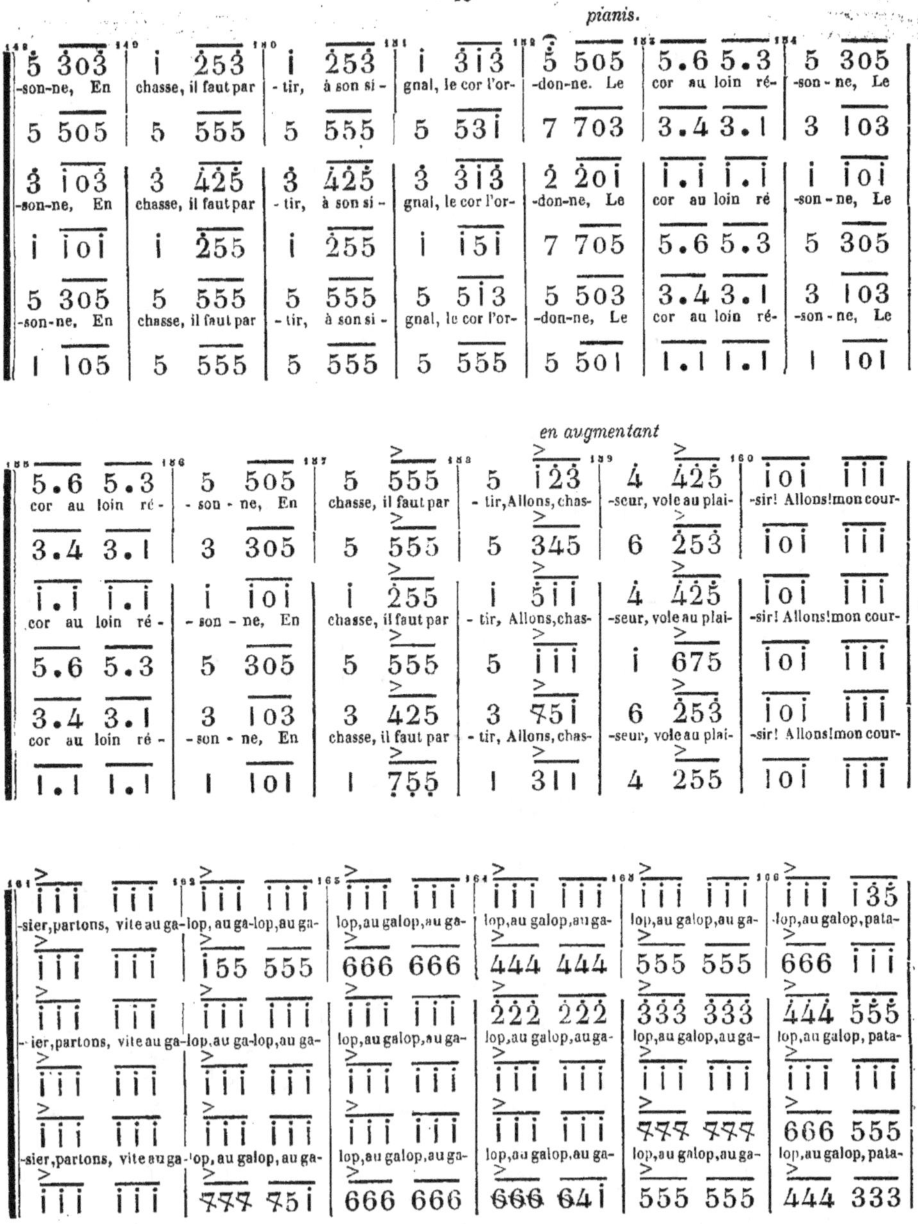

pianis.

Measures 148–154:

148: 5 303 | 149: i 253 | 150: i 253 | 151: i 3i3 | 152: 5 505 | 153: 5.6 5.3 | 154: 5 305
-son-ne, En | chasse, il faut par | - tir, à son si - | gnal, le cor l'or- | -don-ne. Le | cor au loin ré- | -son-ne, Le

5 505 | 5 555 | 5 555 | 5 53i | 7 703 | 3.4 3.1 | 3 i03

3 i03 | 3 425 | 3 425 | 3 3i3 | 2 2oi | i.i i.i | i ioi
-son-ne, En | chasse, il faut par | - tir, à son si - | gnal, le cor l'or- | -don-ne, Le | cor au loin ré | -son-ne, Le

i ioi | i 255 | i 255 | i i5i | 7 705 | 5.6 5.3 | 5 305

5 305 | 5 555 | 5 555 | 5 5i3 | 5 503 | 3.4 3.1 | 3 i03
-son-ne, En | chasse, il faut par | - tir, à son si - | gnal, le cor l'or- | -don-ne, Le | cor au loin ré- | -son-ne, Le

i i05 | 5 555 | 5 555 | 5 555 | 5 50i | i.i i.i | i ioi

en augmentant

Measures 155–160:

155: 5.6 5.3 | 156: 5 505 | 157: 5 555 | 158: 5 i23 | 159: 4 425 | 160: ioi iii
cor au loin ré- | - son - ne, En | chasse, il faut par | - tir, Allons, chas- | -seur, vole au plai- | -sir! Allons! mon cour-

3.4 3.1 | 3 305 | 5 555 | 5 345 | 6 253 | ioi iii

i.i i.i | i ioi | i 255 | i 5ii | 4 425 | ioi iii
cor au loin ré - | - son - ne, En | chasse, il faut par | - tir, Allons, chas- | -seur, vole au plai- | -sir! Allons! mon cour-

5.6 5.3 | 5 305 | 5 555 | 5 iii | i 675 | ioi iii

3.4 3.1 | 3 i03 | 3 425 | 3 75i | 6 253 | ioi iii
cor au loin ré - | - son - ne, En | chasse, il faut par | - tir, Allons, chas- | -seur, vole au plai- | -sir! Allons! mon cour-

i.i i.i | i ioi | i 755 | i 3ii | 4 255 | ioi iii

Measures 161–166:

161: iii iii | 162: iii iii | 163: iii iii | 164: iii iii | 165: iii iii | 166: iii i35
-sier, partons, vite au ga-lop, au ga-lop, au ga- | lop, au galop, au ga- | lop, au galop, au ga- | lop, au galop, au ga- | lop, au galop, pata-

iii iii | i55 555 | 666 666 | 444 444 | 555 555 | 666 iii

iii iii | iii iii | iii iii | 222 222 | 333 333 | 444 555
-ier, partons, vite au ga-lop, au ga-lop, au ga- | lop, au galop, au ga- | lop, au galop, au ga- | lop, au galop, au ga- | lop, au galop, pata-

iii iii | iii iii | iii iii | iii iii | iii iii | iii iii

iii iii | iii iii | iii iii | iii iii | 777 777 | 666 555
-sier, partons, vite au ga-lop, au galop, au ga- | lop, au galop, au ga- | lop, au galop, au ga- | lop, au galop, au ga- | lop, au galop, pata-

iii iii | 777 75i | 666 666 | 666 64i | 555 555 | 444 333

4000 0	0	0	071 234	500 700	105 6535	515 313
- tot.			Partons tous au ga-	lop, tot	tot. Tra la la la la	la la la la la la
1000 0	0	0	0 012	300 400	305 6535	515 313
6000 0	0	012	3 .	.13 542	100 0	0 0
- tot.		Au ga-	- lop,	au ga—lop,pata-	tot.	
1000 0	0	011	1 .	.13 542	100 0	0 0
4000 0	017 654	. 5 .	. .13 567	105 6535	515 313
- tot.	Partons tous au ga-	- lop,	au ga—lop,pata-	tot, Tra la la la la	le la la la la la
2000 0	017 654	5 .	.13 567	105 6535	515 313

5 .	.13 212	100 111	1.0 3.0	1.0 0	3.0 0	100 0
la						
5 .	.35 434	300 333	3.0 5.0	3.0 0	5.0 0	300 0
003 4313	313 212	100 111	1.0 3.0	1.0 0	3.0 0	100 0
Tra la la la la	la la la la la la	la, tra la la	la la	la la	la la	la.
001 2151	131 535	100 111	1.0 1.0	1.0 0	1.0 0	100 0
5 .	.51 555	100 333	3.0 5.0	3.0 0	5.0 0	300 0
la						
5 .	.51 555	100 111	1.0 1.0	1.0 0	1.0 0	100 0

LES RÉCOMPENSES DE L'INDUSTRIE,

Paroles d'Aimé PARIS,   **Musique de ROSSINI.**

(Tiré de l'opéra *Maometto II.*)

$\left(\dfrac{7}{5}\right)$ Ton d'UT. (*Maestoso.*) N° **12**

5/2 TENORS.	0	0	0	0	0	0	0	0	0	0	0	0
7/3 TENORS.	0	0	0	0	0	0	0	0	0	0	0	0
3/5 BASSES.	7.2	5 ...5 6 ...7	2 .1 37 .6	6.543 2 0002 3 ..4

Du tra-vail dé-jà la fê - te partout s'ap-prê - - - te; Gloire au vain-

	0 0 0 0	0 . 0 0 0	0 0 0 0	0 0 0 0
	0 0 0 0	0 4..3 2..1 7..6	55 0 0 0	0 4..3 2..1 7..6
		Du tra-vail, que rien n'ar-rête,		La couronne est dé - jà
	5 . 0 0	0 0 0 0	0 0 0 0	0 0 0 0

queur!

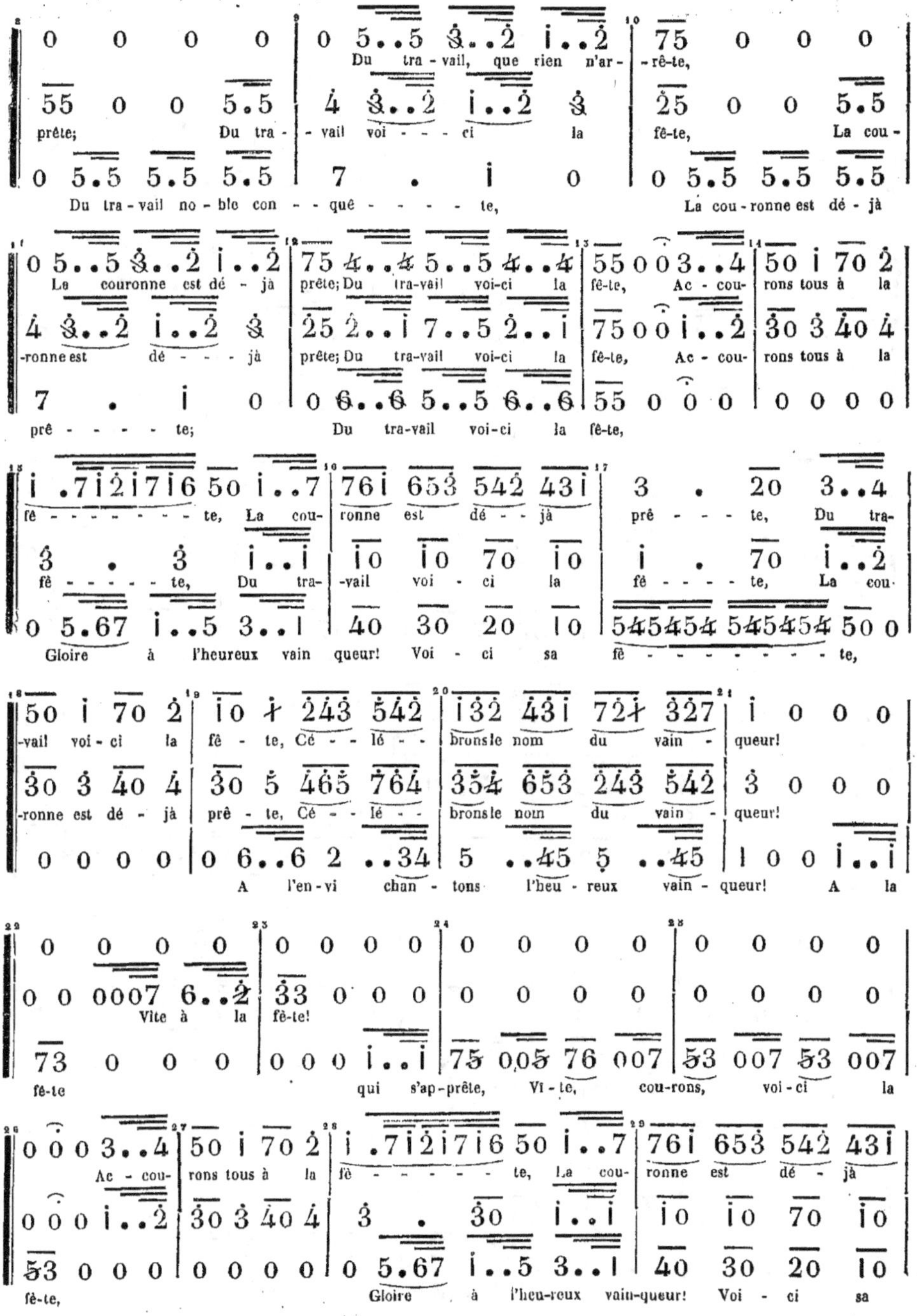

Du tra - vail, que rien n'ar- -rê-te,

prête; Du tra- - vail voi - - ci la fê-te, La cou-

Du tra - vail no - ble con - -quê - - - te, La cou - ronne est dé - jà

La couronne est dé - jà prête; Du tra-vail voi-ci la fê-te, Ac - cou- rons tous à la

-ronne est dé - - jà prête; Du tra-vail voi-ci la fê-te, Ac - cou- rons tous à la

prê - - - - te; Du tra-vail voi-ci la fê-te,

fê - - - te, La cou- ronne est dé - - jà prê - - te, Du tra-

fê - - - - te, Du tra- -vail voi - ci la fê - - - te, La cou-

Gloire à l'heureux vain queur! Voi - ci sa fê - - - - - - te,

-vail voi - ci la fê - te, Cé - - lé - - brons le nom du vain - queur!

-ronne est dé - jà prê - te, Cé - - lé - - brons le nom du vain - queur!

A l'en - vi chan - tons l'heu - reux vain - queur! A la

Vite à la fê-te!

fê-te qui s'ap-prête, Vi - te, cou-rons, voi - ci la

Ac - cou- rons tous à la fê - - - te, La cou- ronne est dé - jà

prê - - te, Du tra- -vail voi - ci la fê - - - te, La cou-

fê-te, Gloire à l'heu-reux vain-queur! Voi - ci sa

-prê - te. Du tra - vail voi-ci la fê - te, Cé - lé - brons le nom du vain -
fê - - - - - te, A l'envi, chan - tons l'heu - reux vain -
-queur! Qu'on lui donne la cou - ronne! Di - - gne prix qu'aujourd'hui l'on dé-
Di - gne prix qu'on dé -
queur! Qu'on lui don-ne la cou - ron-ne! Il mé - ri - - - te le prix qu'on
-cer - - - ne au vain- queur. Qu'on lui donne la cou - ronne, Di - - gne
-cer - - - ne au vain- queur. Qu'on lui donne la cou - ronne, Di - - gne
dé - cerne au vain - queur. Qu'on lui donne la cou - ron-ne! Il mé - ri - -
prix qu'aujourd'hui l'on dé- -cer - - ne au vain- - queur!
prix qu'on dé- -cer - - ne au vain- - queur!
- te le prix qu'on dé - cerne au vain - queur, le di-gne prix qu'on décer - -
Qu'il re - - çoive a - vec bon - heur, avec bon-
- ne au vain - - queur, ce prix, du vainqueur, la gloire et
-heur le prix qu'on dé-cerne au vain- - queur!
le bon - - - heur, le digne prix qu'on décer - - ne au vain - -

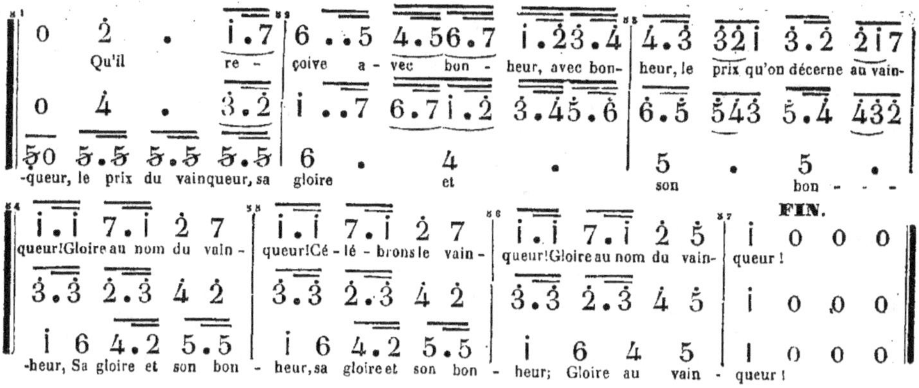

Qu'il reçoive avec bonheur, avec bonheur, le prix qu'on décerne au vain-

-queur, le prix du vainqueur, sa gloire et son bonheur

queur! Gloire au nom du vain- queur! Célé-brons le vain- queur! Gloire au nom du vain- queur!

FIN.

-heur, Sa gloire et son bonheur, sa gloire et son bonheur; Gloire au vain- queur!

LE DÉPART DES COMPAGNONS,

Chœur par LAURENT DE RILLÉ.

N° **13**

Ton de RÉU (*Maestoso*. M.M. 72.)

1 TENORS.
forte
Les compa- gnons se sont le-vés ma-tin pour commencer le tour de Fran-

2 BASSES.
forte
Les compa- gnons se sont le-vés ma-tin pour commencer le tour de Fran-

forte
-ce; Le sac lé-ger, le cœur plein d'espé- ran- ce, Dieu les con-dui-se le long du che-

piano
min. Les compa- gnons se sont le-vés ma-tin, Dieu les con-duise en leur che-

piano
-min. Dieu les con- duise, les con-duise en che-

piano
min. Les compa- gnons se sont le-vés ma-tin, Dieu les con-duise en leur che-

piano
-min. Dieu les con- duise en che-

min! Les voi-là tous, la canne en main, les voi-là tous, la canne en main,

cresc.
min! Les voi-là tous, tous, la canne en main, bien! les voi-là tous, tous, les voi-là

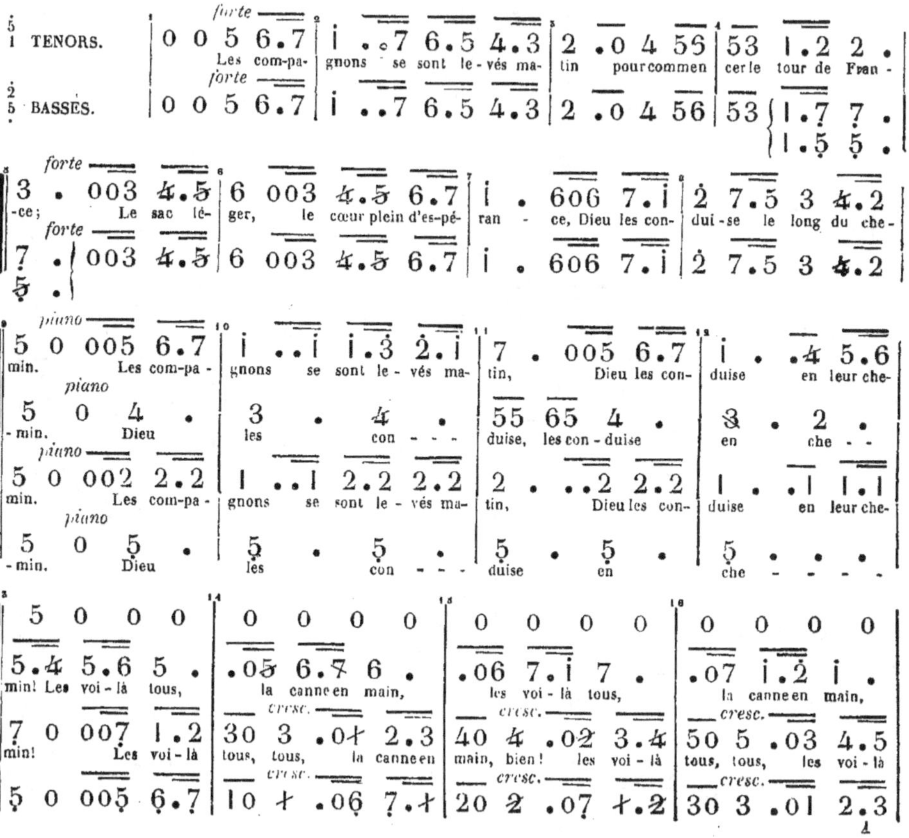

forte — cresc. — allegretto (M. M. 110.) — *piano — MF — cresc. — forte*

Tous les com-pa-gnons sont le-vés ce ma-tin, Dieu les con-dui-se le long du che-min!

les voi-là tous! les com-pa-gnons sont le-vés ce ma-tin, Dieu les con-dui-se le long du che-min!

tous, tous, les voi-là tous! les com-pa-gnons se sont le-vés ma-tin, Dieu les con-

Mais a-vant de quit-ter cet-te ter-re, Mais a-vant de quit-ter tant d'a-mis chaleu-reux, U-ne derniè-re fois, rem-plis-sant no-tre verre, Il faut chan-ter en-cor la chan-son des a-dieux, la chan-son des a-dieux.

Mais a-vant de quit-ter la ville hospi-ta-liè-re, Mais a-vant de qui-ter tant d'a-mis. U-ne derniè-re fois, Ah! chan-tons la chan-son des a-dieux, la chan-son des a-dieux.

Mais a-vant de quit-ter, Mais a-vant de quit-ter la ville hos-pi-ta-liè-re, mais a-vant de quit-ter tant d'a-mis cha-leu-reux, U-ne derniè-re fois, Compagnons, rem-plis-sant no-tre verre, Il faut chanter en-cor la chan-son des a-dieux.

Ah! chan-tons, chan-tons les a-dieux.

Ah! chan-tons, chan-tons les a-dieux.

---

* ROL change *ré* en *sol* ; le premier ténor prend le *sol* qui suit à l'octave au-dessus ; le deuxième ténor prend le *meu* suivant à une sixte mineure au-dessus. — LRE change *la* en *ré* ; prenez l'*ut* suivant à une septième mineure au-dessus. — FSEU change *fa* en *seu* ; prenez l'*ut* suivant à une seconde majeure au-dessus.

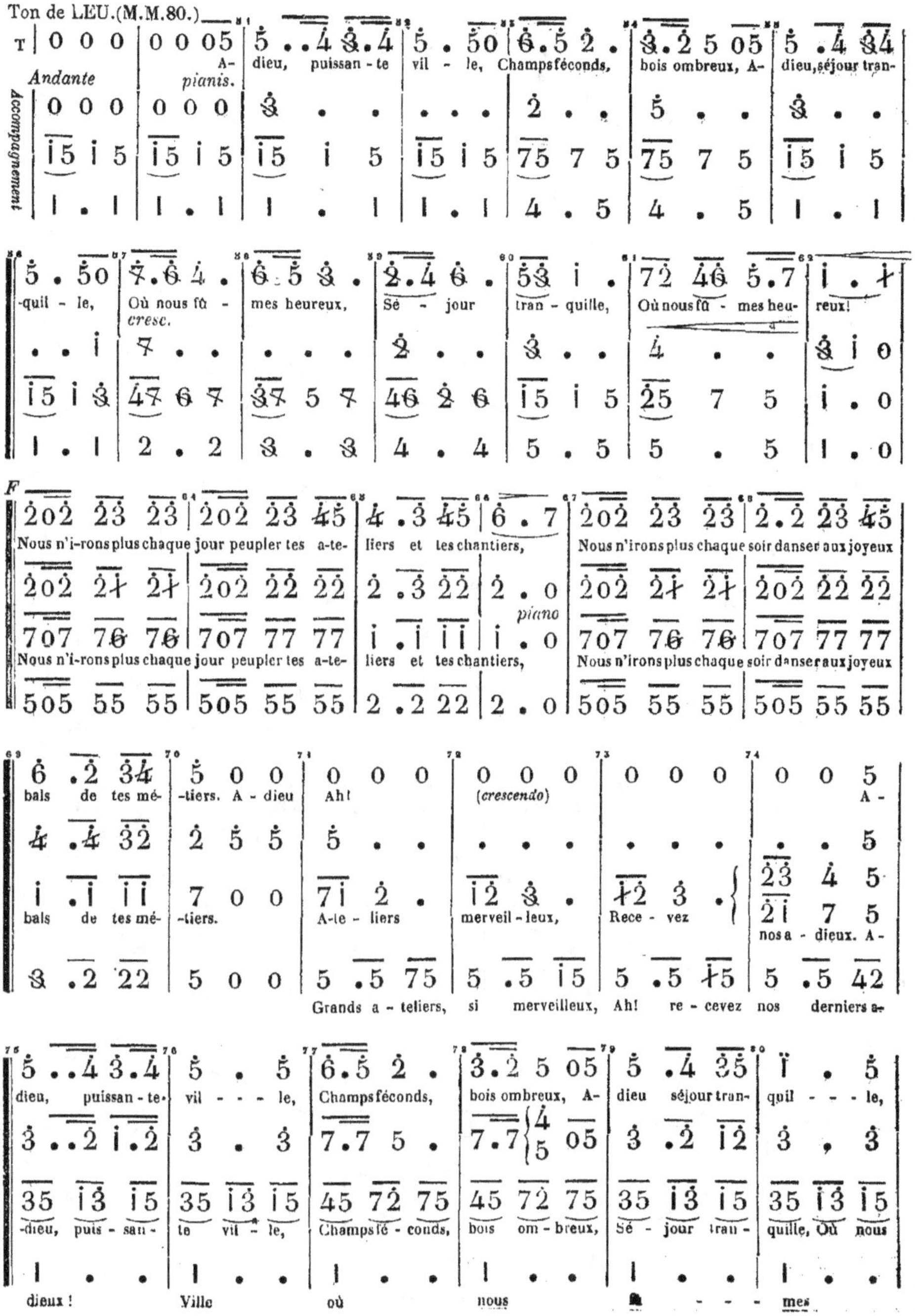

Ton de LEU. (M.M. 80.)

Andante

pianis.

Accompagnement

A-dieu, puissan-te vil - le, Champs féconds, bois ombreux, A-dieu, séjour tran-

-quil - le, Où nous fû - mes heureux, Sé - jour tran - quille, Où nous fû - mes heu-reux!

cresc.

Nous n'i-rons plus chaque jour peupler tes a-te-liers et tes chantiers, Nous n'irons plus chaque soir danser aux joyeux

piano

Nous n'i-rons plus chaque jour peupler tes a-te-liers et tes chantiers, Nous n'irons plus chaque soir danser aux joyeux

bals de tes mé- -tiers. A - dieu Ah! *(crescendo)* A-

bals de tes mé- -tiers. A-te - liers merveil - leux, Rece - vez nos a - dieux. A-

Grands a - teliers, si merveilleux, Ah! re - cevez nos derniers a-

dieu, puissan-te vil - - - le, Champs féconds, bois ombreux, A-dieu séjour tran- quil - - - le,

-dieu, puis - san - te vil - le, Champs fé - conds, bois om - breux, Sé - jour tran - quille, Où nous

dieux! Ville où nous fû - - - mes

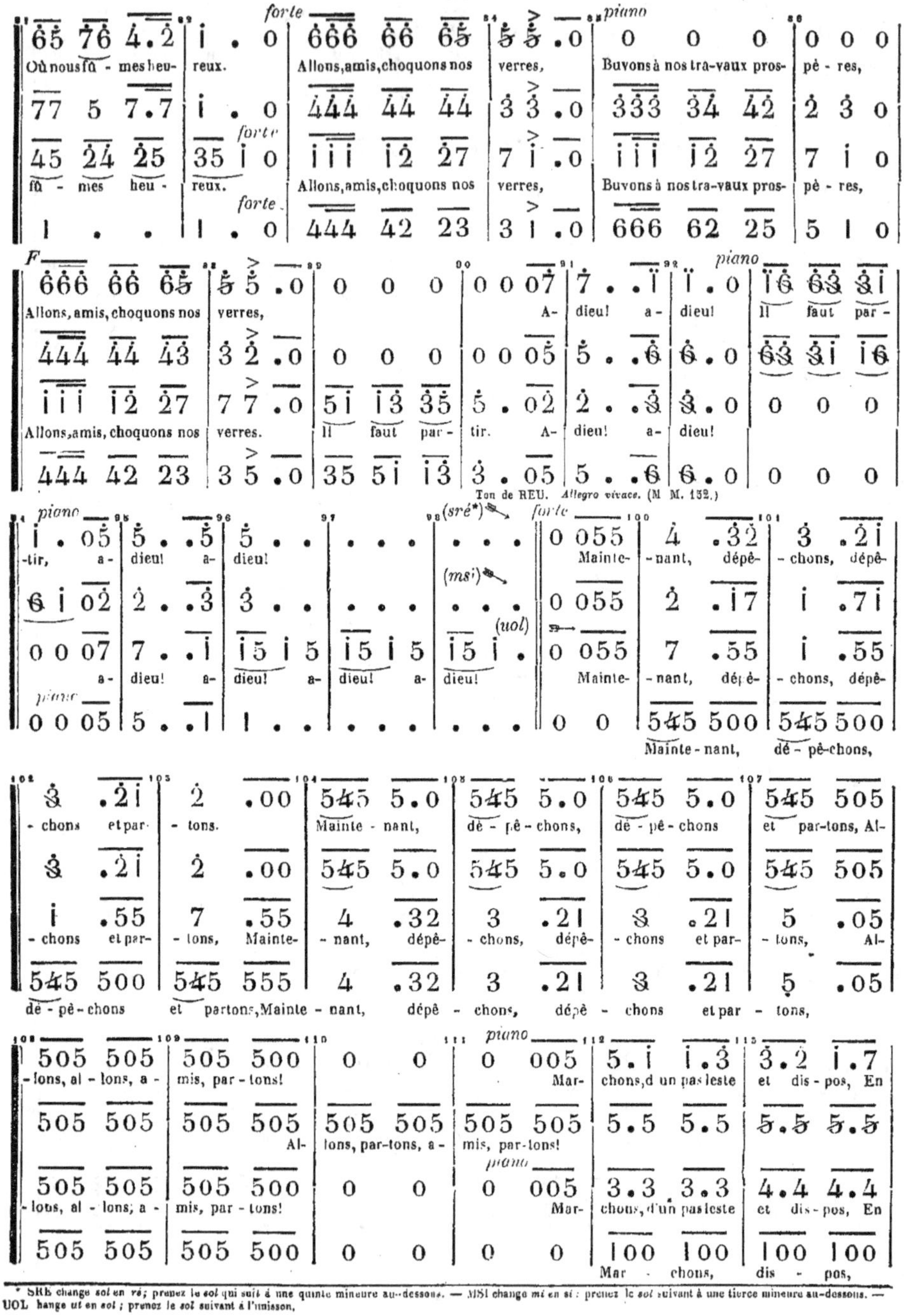

forte — — — *piano*

Où nous fû - mes heu - reux. Allons, amis, choquons nos verres, Buvons à nos tra-vaux pros- pè - res,

forte

fû - mes heu - reux. Allons, amis, choquons nos verres, Buvons à nos tra-vaux pros- pè - res,

forte

F — — — *piano*

Allons, amis, choquons nos verres, A- dieu! a - dieu! Il faut par -

Allons, amis, choquons nos verres. Il faut par - tir. A- dieu! a - dieu!

Ton de REU. *Allegro vivace.* (M. M. 132.)

piano (sré*) *forte* — —

-tir, a - dieu! a - dieu! Mainte- -nant, dépê - chons, dépê-

(msi)

(uol)

a- dieu! a- dieu! a- dieu! a- dieu! Mainte- - nant, dépê- - chons, dépê-

piano

Mainte - nant, dé - pê-chons,

- chons et par - - tons. Mainte - nant, dè - pê - chons, dè - pê - chons et par-tons, Al-

- chons et par - - tons, Mainte- - nant, dépê- - chons, dépê - chons et par- - tons, Al-

dè - pê-chons et partons, Mainte - nant, dépê - chons, dépê - chons et par - tons,

piano

-lons, al - lons, a - mis, par - tons! Mar- chons, d'un pas leste et dis - pos, En

Al- lons, par-tons, a - mis, par-tons!

piano

-lons, al - lons; a - mis, par - tons! Mar- chons, d'un pas leste et dis - pos, En

Mar - chons, dis - pos,

---

* SRB change *sol* en *ré*; prenez le *sol* qui suit à une quinte mineure au-dessous. — MSI change *mi* en *si* : prenez le *sol* suivant à une tierce mineure au-dessous. — UOL hange *ut* en *sol* ; prenez le *sol* suivant à l'unisson.

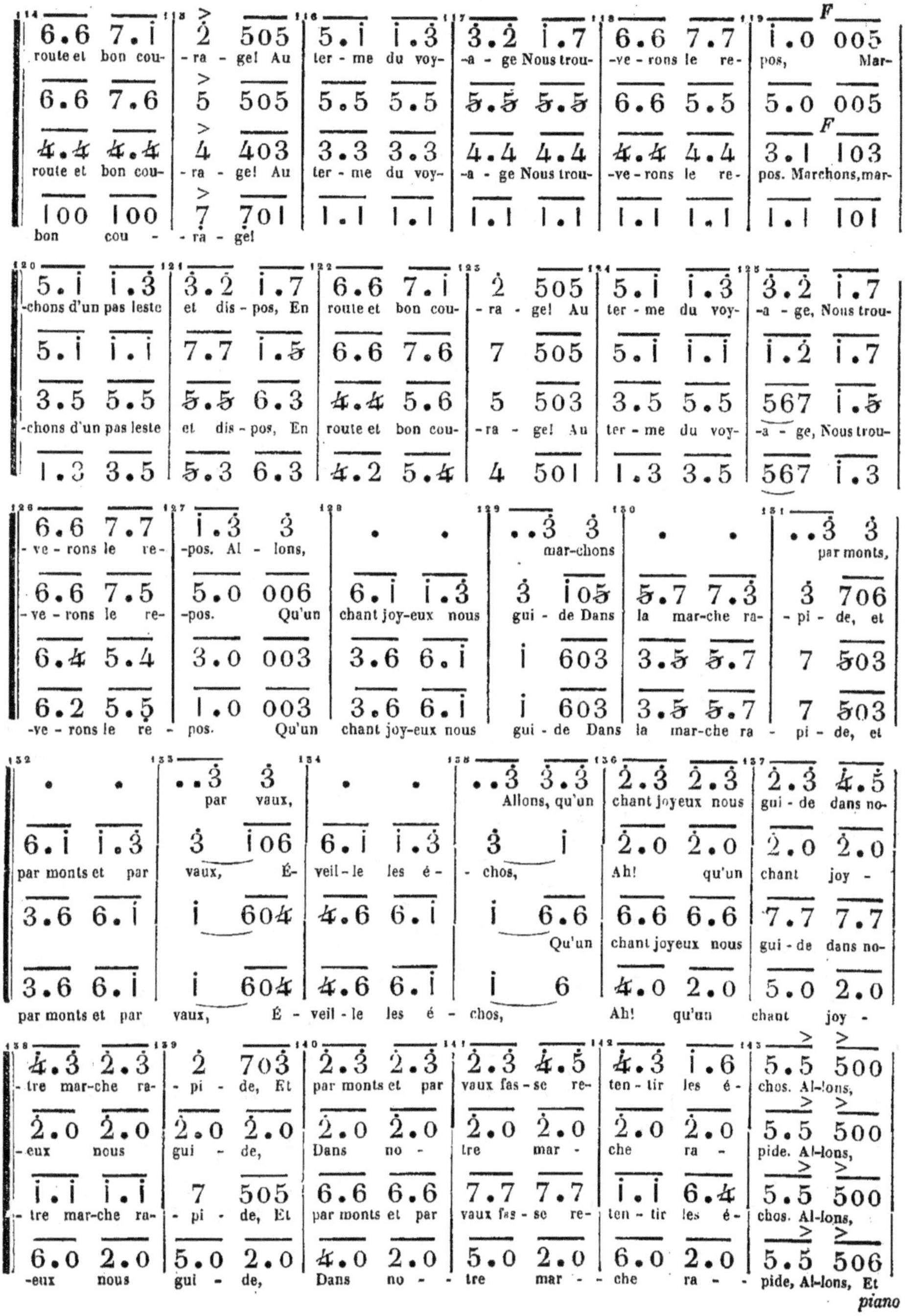

114. 6.6 7.i | 115. 2 505 | 116. 5.i i.3 | 117. 3.2 i.7 | 118. 6.6 7.7 | 119. i.0 005 *F*
route et bon cou- -ra - ge! Au ter - me du voy- -a - ge Nous trou- -ve - rons le re- pos, Mar-

6.6 7.6 | 5 505 | 5.5 5.5 | 5.5 5.5 | 6.6 5.5 | 5.0 005 *F*

4.4 4.4 | 4 403 | 3.3 3.3 | 4.4 4.4 | 4.4 4.4 | 3.i 103
route et bon cou- -ra - ge! Au ter - me du voy- -a - ge Nous trou- -ve - rons le re- pos. Marchons, mar-

i00 i00 | 7 70i | i.i i.i | i.i i.i | i.i i.i | i.i i0i
bon cou - -ra - ge!

120. 5.i i.3 | 121. 3.2 i.7 | 122. 6.6 7.i | 123. 2 505 | 124. 5.i i.3 | 125. 3.2 i.7
-chons d'un pas leste et dis - pos, En route et bon cou- -ra - ge! Au ter - me du voy- -a - ge, Nous trou-

5.i i.i | 7.7 i.5 | 6.6 7.6 | 7 505 | 5.i i.i | i.2 i.7

3.5 5.5 | 5.5 6.3 | 4.4 5.6 | 5 503 | 3.5 5.5 | 567 i.5
-chons d'un pas leste et dis - pos, En route et bon cou- -ra - ge! Au ter - me du voy- -a - ge, Nous trou-

i.3 3.5 | 5.3 6.3 | 4.2 5.4 | 4 50i | i.3 3.5 | 567 i.3

126. 6.6 7.7 | 127. i.3 3 | 128. . . | 129. ..3 3 | 130. . . | 131. ..3 3
- ve - rons le re- -pos. Al - lons, mar-chons par monts,

6.6 7.5 | 5.0 006 | 6.i i.3 | 3 i05 | 5.7 7.3 | 3 706
- ve - rons le re- -pos. Qu'un chant joy-eux nous gui - de Dans la mar-che ra - -pi - de, et

6.4 5.4 | 3.0 003 | 3.6 6.i | i 603 | 3.5 5.7 | 7 503

6.2 5.5 | i.0 003 | 3.6 6.i | i 603 | 3.5 5.7 | 7 503
-ve - rons le re - pos. Qu'un chant joy-eux nous gui - de Dans la mar-che ra - pi - de, et

132. . . | 133. ..3 3 | 134. . . | 135. ..3 3.3 | 136. 2.3 2.3 | 137. 2.3 4.5
par vaux, Allons, qu'un chant joyeux nous gui - de dans no-

6.i i.3 | 3 i06 | 6.i i.3 | 3 i | 2.0 2.0 | 2.0 2.0
par monts et par vaux, É- veil- le les é - - chos, Ah! qu'un chant joy -

3.6 6.i | i 604 | 4.6 6.i | i 6.6 | 6.6 6.6 | 7.7 7.7
Qu'un chant joyeux nous gui - de dans no-

3.6 6.i | i 604 | 4.6 6.i | i 6 | 4.0 2.0 | 5.0 2.0
par monts et par vaux, É - veil- le les é - chos, Ah! qu'un chant joy -

138. 4.3 2.3 | 139. 2 703 | 140. 2.3 2.3 | 141. 2.3 4.5 | 142. 4.3 i.6 | 143. 5.5 500
-tre mar-che ra- - pi - de, Et par monts et par vaux fas- se re- ten - tir les é- chos. Al-lons,

2.0 2.0 | 2.0 2.0 | 2.0 2.0 | 2.0 2.0 | 2.0 2.0 | 5.5 500
-eux nous gui - de, Dans no - tre mar - che ra - pide. Al-lons,

i.i i.i | 7 505 | 6.6 6.6 | 7.7 7.7 | i.i 6.4 | 5.5 500
-tre mar-che ra- - pi - de, Et par monts et par vaux fas- se re- ten - tir les é- chos. Al-lons,

6.0 2.0 | 5.0 2.0 | 4.0 2.0 | 5.0 2.0 | 6.0 2.0 | 5.5 506
-eux nous gui - de, Dans no - -tre mar - - che ra - - pide, Al-lons, Et

piano

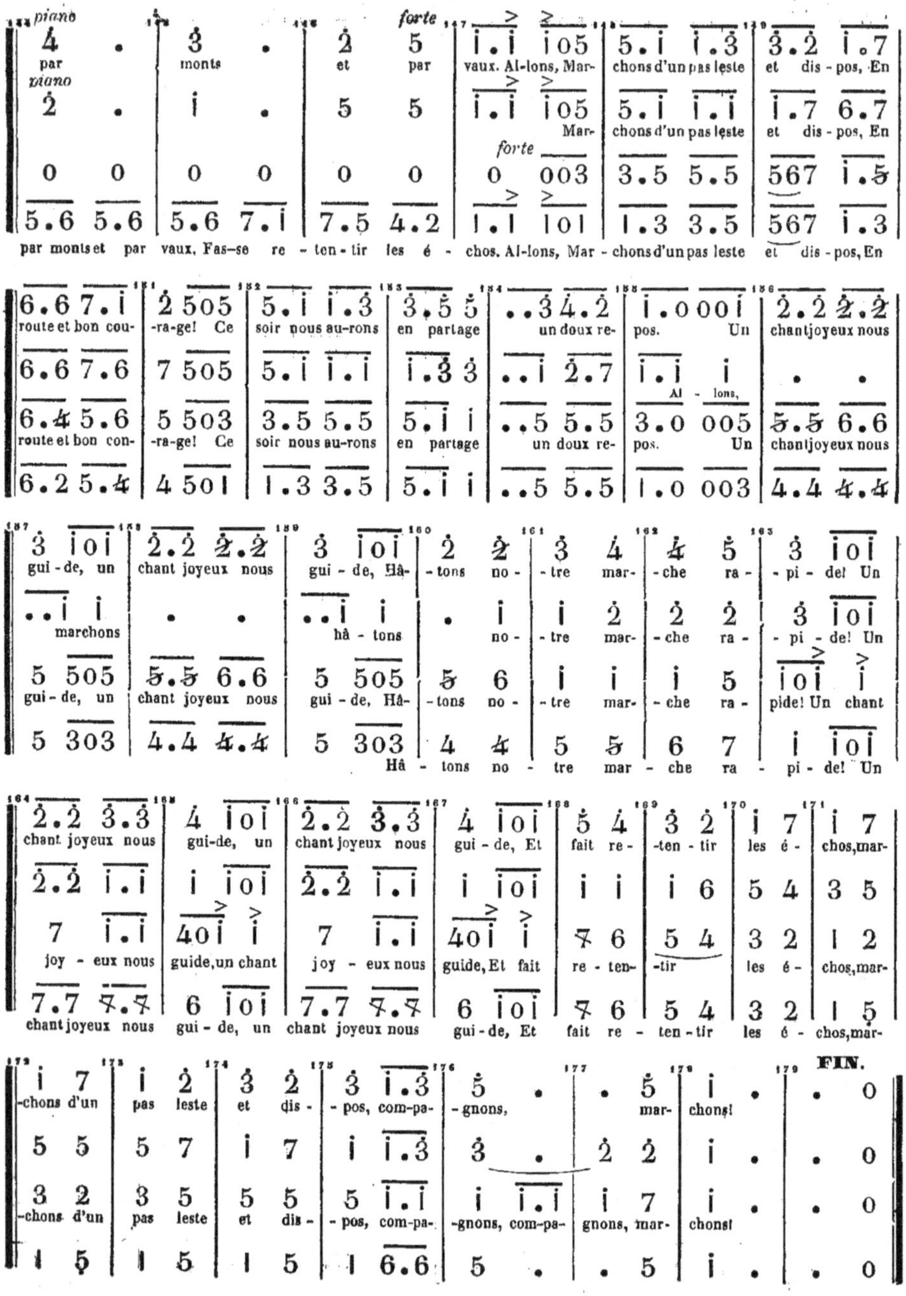

piano   *forte*

4 .   3 .   2   5 | i . i   i 0 5 | 5 . i   i . 3 | 3 . 2   i . 7 |
par   monts   et   par   vaux. Al-lons, Mar- chons d'un pas leste   et   dis - pos, En

piano
2 .   i .   5   5 | i . i   i 0 5 | 5 . i   i . i | i . 7   6 . 7 |
Mar- chons d'un pas leste   et   dis - pos, En

forte
0   0   0   0   0   0 | 0   0 0 3 | 3 . 5   5 . 5 | 5 6 7   i . 5 |

5 . 6   5 . 6 | 5 . 6   7 . i | 7 . 5   4 . 2 | i . i   i 0 i | i . 3   3 . 5 | 5 6 7   i . 3 |
par monts et par vaux, Fas-se re - ten - tir les é - chos. Al-lons, Mar - chons d'un pas leste   et   dis - pos, En

---

6 . 6 7 . i | 2 5 0 5 | 5 . i   i . 3 | 3 . 5 5 | . . 3 4 . 2 | i . 0 0 0 i | 2 . 2 2 . 2 |
route et bon cou- -ra-ge! Ce soir nous au-rons en partage   un doux re- pos.   Un chant joyeux nous

6 . 6 7 . 6 | 7 5 0 5 | 5 . i   i . i | i . 3 3 | . . i 2 . 7 | i . i   i |
Al - lons,

6 . 4 5 . 6 | 5 5 0 3 | 3 . 5 5 . 5 | 5 . i   i | . . 5 5 . 5 | 3 . 0   0 0 5 | 5 . 5   6 . 6 |
route et bon con- -ra-ge! Ce soir nous au-rons en partage   un doux re- pos.   Un chant joyeux nous

6 . 2 5 . 4 | 4 5 0 i | i . 3 3 . 5 | 5 . i   i | . . 5 5 . 5 | i . 0   0 0 3 | 4 . 4   4 . 4 |

---

3   i 0 i | 2 . 2   2 . 2 | 3   i 0 i | 2   2 | 3   4 | 4   5 | 3   i 0 i |
gui - de, un   chant joyeux nous   gui - de, Hâ- -tons no- -tre mar- -che ra- -pi - de! Un

. . i   i | .   . | . . i   i | .   i | i   2 | 2   2 | 3   i 0 i |
marchons   hâ - tons   no- -tre mar- -che ra- -pi - de! Un

5   5 0 5 | 5 . 5   6 . 6 | 5   5 0 5 | 5   6 | i   i | i   5 | i 0 i   i |
gui - de, un   chant joyeux nous   gui - de, Hâ- -tons no- -tre mar- -che ra- pide! Un chant

5   3 0 3 | 4 . 4   4 . 4 | 5   3 0 3 | 4   4 | 5   5 | 6   7 | i   i 0 i |
Hâ- -tons no- -tre mar- -che ra- -pi - de! Un

---

2 . 2   3 . 3 | 4   i 0 i | 2 . 2   3 . 3 | 4   i 0 i | 5   4 | 3   2 | i   7 | i   7 |
chant joyeux nous   gui-de, un   chant joyeux nous   gui - de, Et fait re- -ten - tir   les é- -chos, mar-

2 . 2   i . i | i   i 0 i | 2 . 2   i . i | i   i 0 i | i   i | i   6 | 5   4 | 3   5 |

7   i . i | 4 0 i   i | 7   i . i | 4 0 i   i | 7   6 | 5   4 | 3   2 | i   2 |
joy - eux nous guide, un chant   joy - eux nous guide, Et fait re - ten- -tir   les é - chos, mar-

7 . 7   7 . 7 | 6   i 0 i | 7 . 7   7 . 7 | 6   i 0 i | 7   6 | 5   4 | 3   2 | i   5 |
chant joyeux nous   gui - de, un   chant joyeux nous   gui - de, Et fait re - ten- -tir   les é - chos, mar-

---

FIN.

i   7 | i   2 | 3   2 | 3   i . 3 | 5   . | .   5 | i   . | .   0 |
-chons d'un   pas   leste   et   dis - -pos, com-pa- -gnons,   mar- chons!

5   5 | 5   7 | i   7 | i   i . 3 | 3   . | 2   2 | i   . | .   0 |

3   2 | 3   5 | 5   5 | 5   i . i | i   i . i | i   7 | i   . | .   0 |
-chons d'un   pas   leste   et   dis - -pos, com-pa- -gnons, com-pa- gnons, mar- chons!

i   5 | i   5 | i   5 | i   6 . 6 | 5   . | .   5 | i   . | .   0 |

LE RETOUR DE LA PAIX,

Paroles d'Aimé PARIS, **Musique de ROSSINI.**

(⁶/₅) Ton d'UT. (M.M. 126.)   (Tiré de *Maometto II.*)   Nº **14**

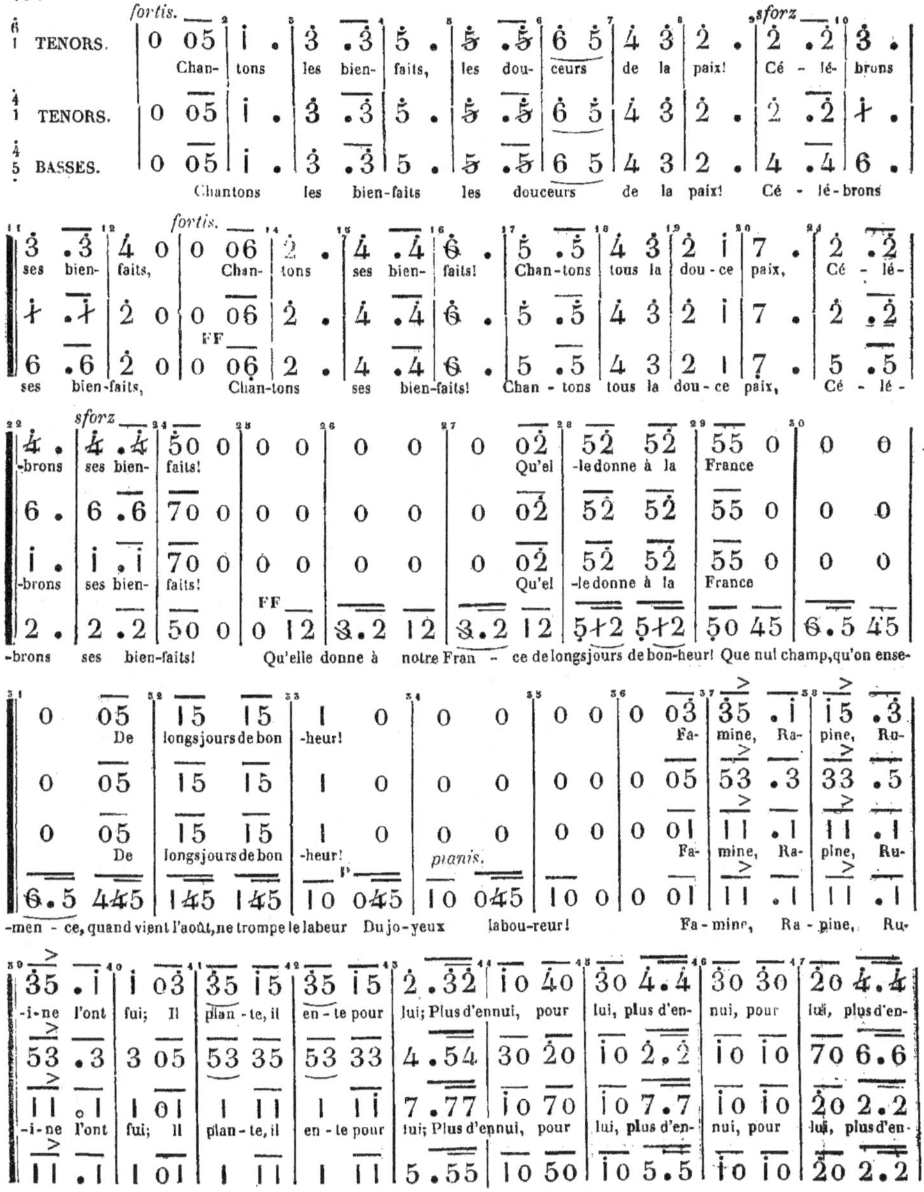

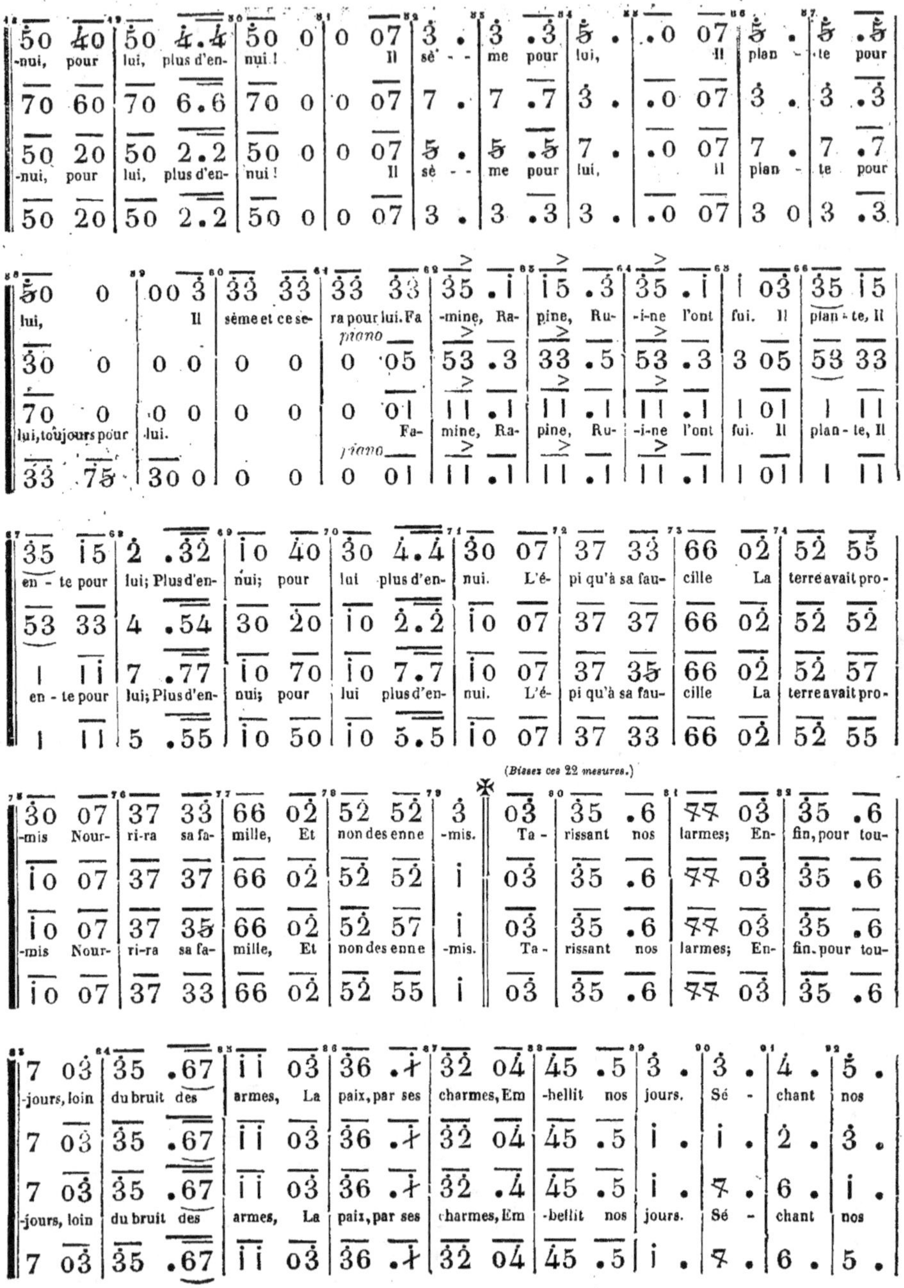
-nui, pour lui, plus d'en- nui ! Il sè - - me pour lui, Il plan - te pour
-nui, pour lui, plus d'en- nui ! Il sè - - me pour lui, Il plan - te pour
lui, Il sème et ce se- ra pour lui. Fa -mine, Ra- pine, Ru- -i-ne l'ont fui. Il plan - te, Il
piano
lui, toujours pour lui. Fa- mine, Ra- pine, Ru- -i-ne l'ont fui. Il plan - te, Il
piano
en - te pour lui; Plus d'en- nui; pour lui plus d'en- nui. L'é- pi qu'à sa fau- cille La terre avait pro-
en - te pour lui; Plus d'en- nui; pour lui plus d'en- nui. L'é- pi qu'à sa fau- cille La terre avait pro-
(Bissez ces 22 mesures.)
-mis Nour- ri-ra sa fa- mille, Et non des enne -mis. Ta - rissant nos larmes; En- fin, pour tou-
-mis Nour- ri-ra sa fa- mille, Et non des enne -mis. Ta - rissant nos larmes; En- fin, pour tou-
-jours, loin du bruit des armes, La paix, par ses charmes, Em -bellit nos jours. Sé - chant nos
-jours, loin du bruit des armes, La paix, par ses charmes, Em -bellit nos jours. Sé - chant nos

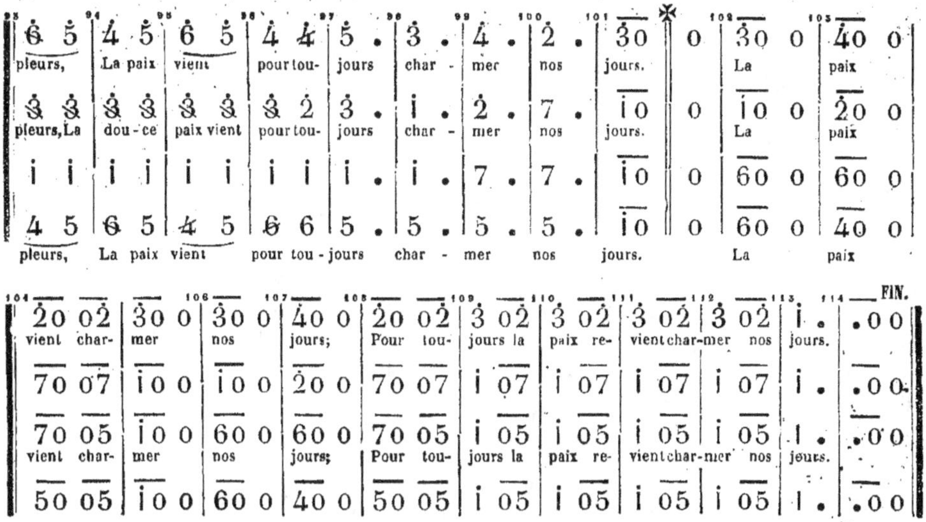

TRIO DE PAUL ET VIRGINIE, Nº 15

Ton de MEU. (M.M. 100.)   MUSIQUE DE LESUEUR.

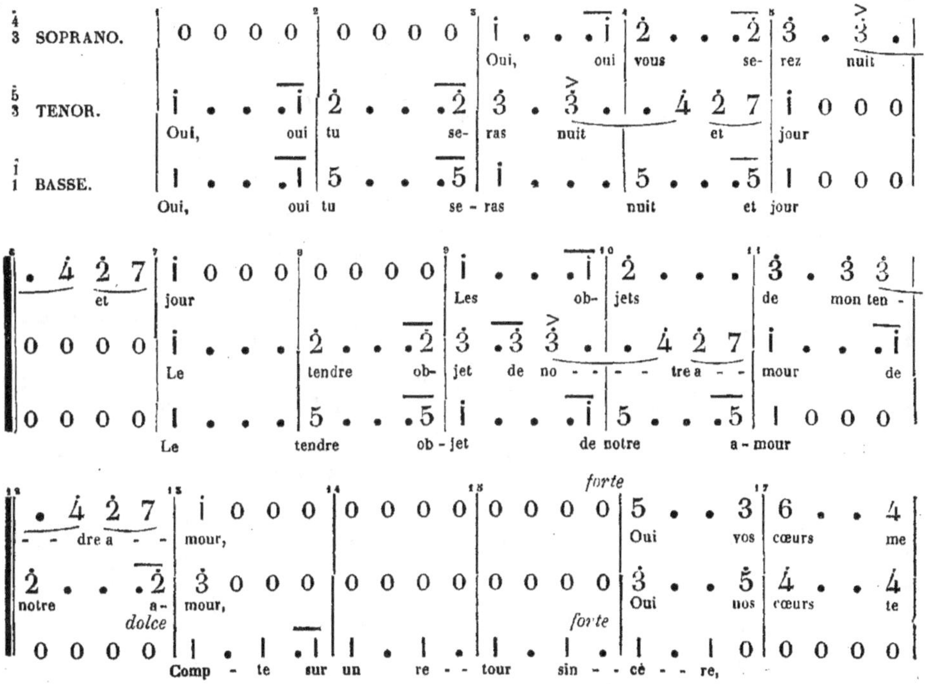

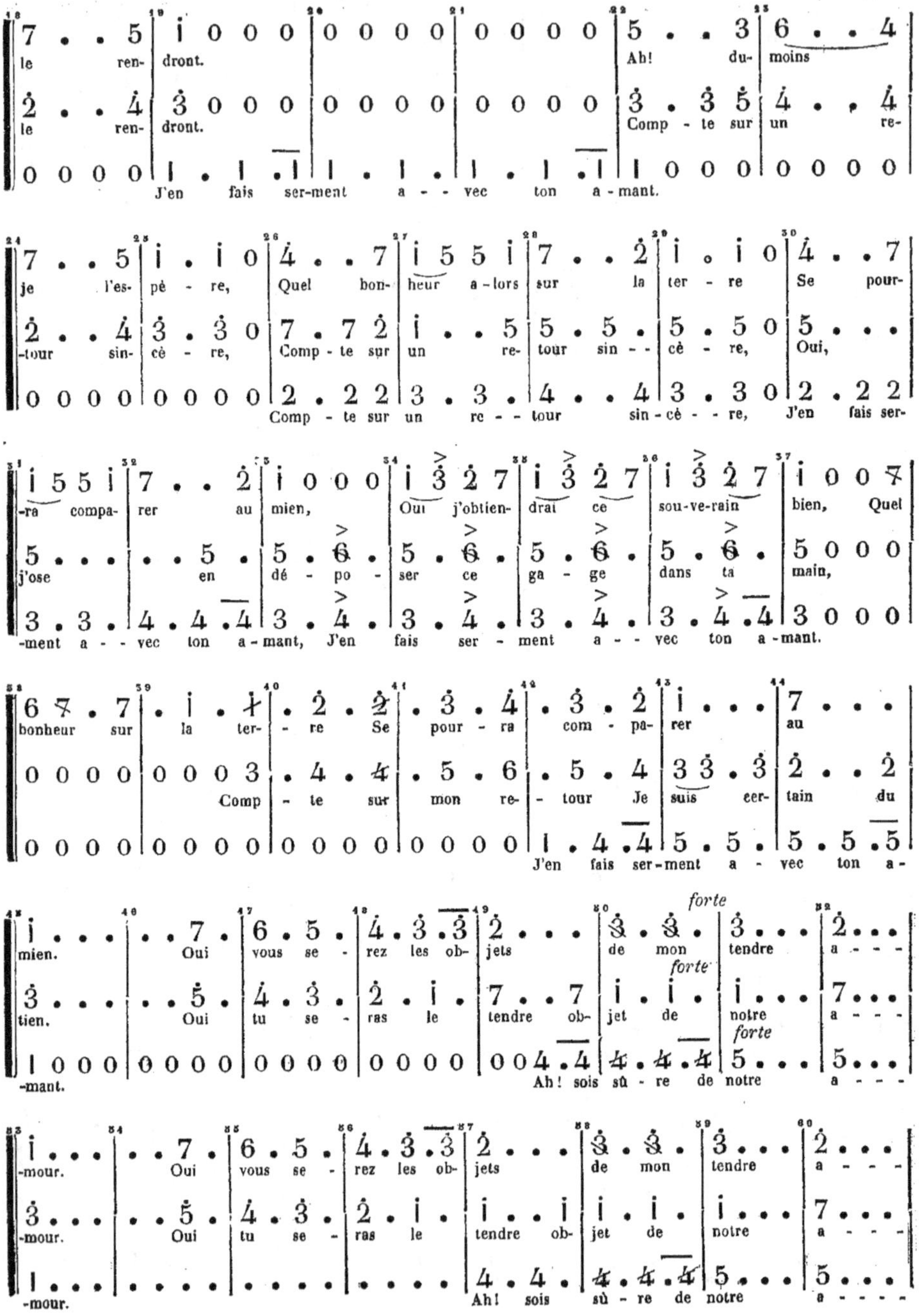
le ren- dront. Ah! du- moins
le ren- dront. Comp - te sur un re-
J'en fais ser-ment a - - vec ton a - mant.
je l'es- pè - re, Quel bon- heur a - lors sur la ter - re Se pour-
-tour sin- cè - re, Comp - te sur un re- tour sin - - cè - re, Oui,
Comp - te sur un re - - tour sin - cè - - re, J'en fais ser-
-ra compa- rer au mien, Oui j'obtien- drai ce sou-ve-rain bien, Quel
j'ose en dé - po - ser ce ga - ge dans ta main,
-ment a - - vec ton a - mant, J'en fais ser - ment a - - vec ton a - mant.
bonheur sur la ter- - re Se pour - ra com - pa- rer au
Comp - te sur mon re- - tour Je suis cer- tain du
J'en fais ser-ment a - vec ton a-
forte
mien. Oui vous se - rez les ob- jets de mon tendre a - - -
forte
tien. Oui tu se - ras le tendre ob- jet de notre a - - -
forte
-mant. Ah! sois sû - re de notre a - - -
-mour. Oui vous se - rez les ob- jets de mon tendre a - - - -
-mour. Oui tu se - ras le tendre ob- jet de notre a - - -
-mour. Ah! sois sû - re de notre a - - - -

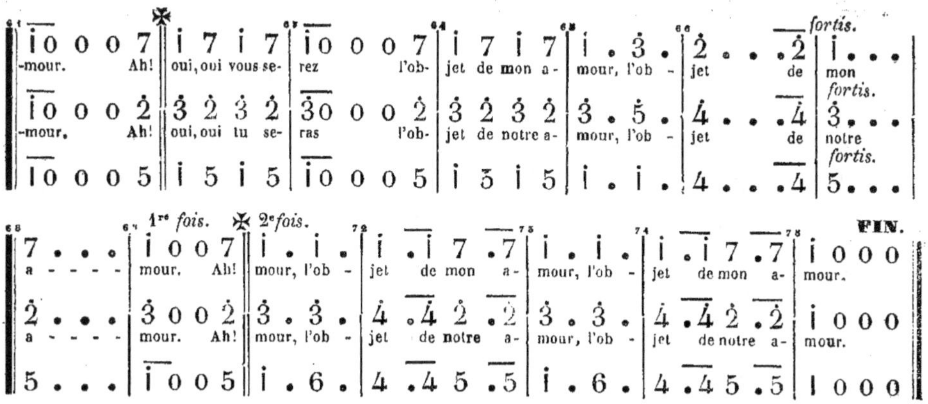

fortis.

-mour. Ah! oui, oui vous se- rez l'ob- jet de mon a- mour, l'ob- jet de mon

fortis.

-mour. Ah! oui, oui tu se- ras l'ob- jet de notre a- mour, l'ob- jet de notre

fortis.

1re fois. 2e fois. **FIN.**

a - - - mour. Ah! mour, l'ob- jet de mon a- mour, l'ob- jet de mon a- mour.

a - - - mour. Ah! mour, l'ob- jet de notre a- mour, l'ob- jet de notre a- mour.

A LA MER!

Paroles d'Aimé PARIS,   (Tiré de *Il Pirata*.)   **Musique de BELLINI.**

N° **16**

$\left(\begin{smallmatrix}i\\5\end{smallmatrix}\right)$ Ton de Fè. (*Maestoso.* M. M. 88.)

BASSE solo.

A la mer! c'est notre em-pi - - - re; Rendons-lui no-tre lé - ger na-

-vi - re. A la mer! c'est notre em-pi - - re; Nul au-tre que le marin Sur les flots n'est souve-

TENORS. Jour de fè - te! Tout s'apprê - te, tout s'apprê - te; Jour de fè - te!

TENORS.

BASSES. Jour de fè - te! Tout s'apprê - te, tout s'apprê - te; Jour de fè - te!

rain. Jour de fè - te! Tout s'ap-prê - te, tout s'ap-prê-te; Qui nous ar - rê - te? Tout s'ap-

Tout s'apprê - te, tout s'apprê - te, Ma-te- lots, quittons le bord, quittons le

Tout s'apprê - te, tout s'apprê - te, Ma-te- lots, quittons le bord, quittons le

-prê-te; Qui nous ar - rê - te? tout s'ap-prê-te, Quittons le bord! Ma-te - lots, quittons le

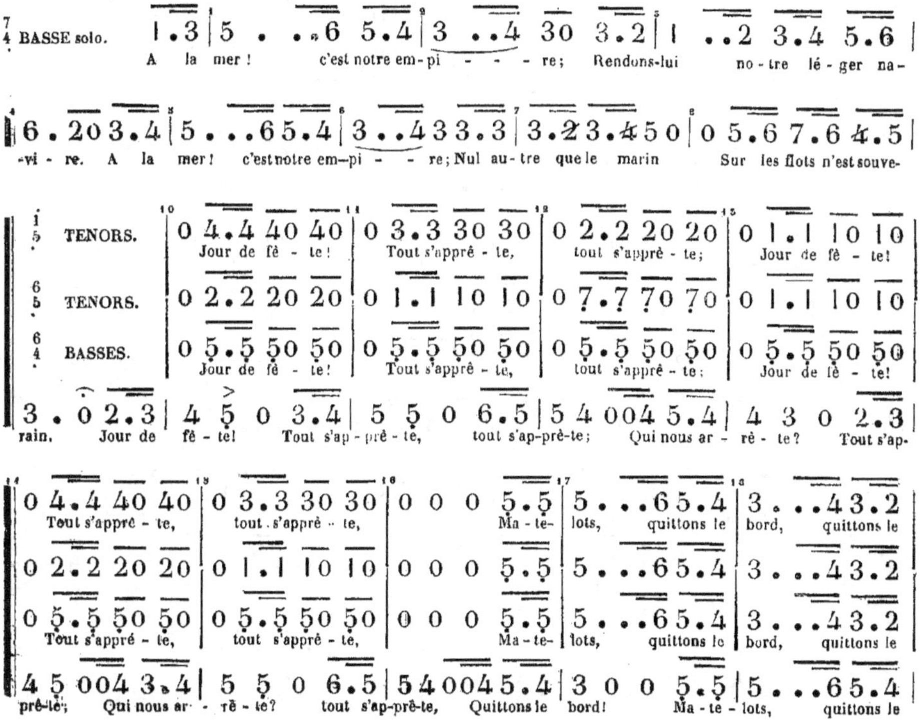

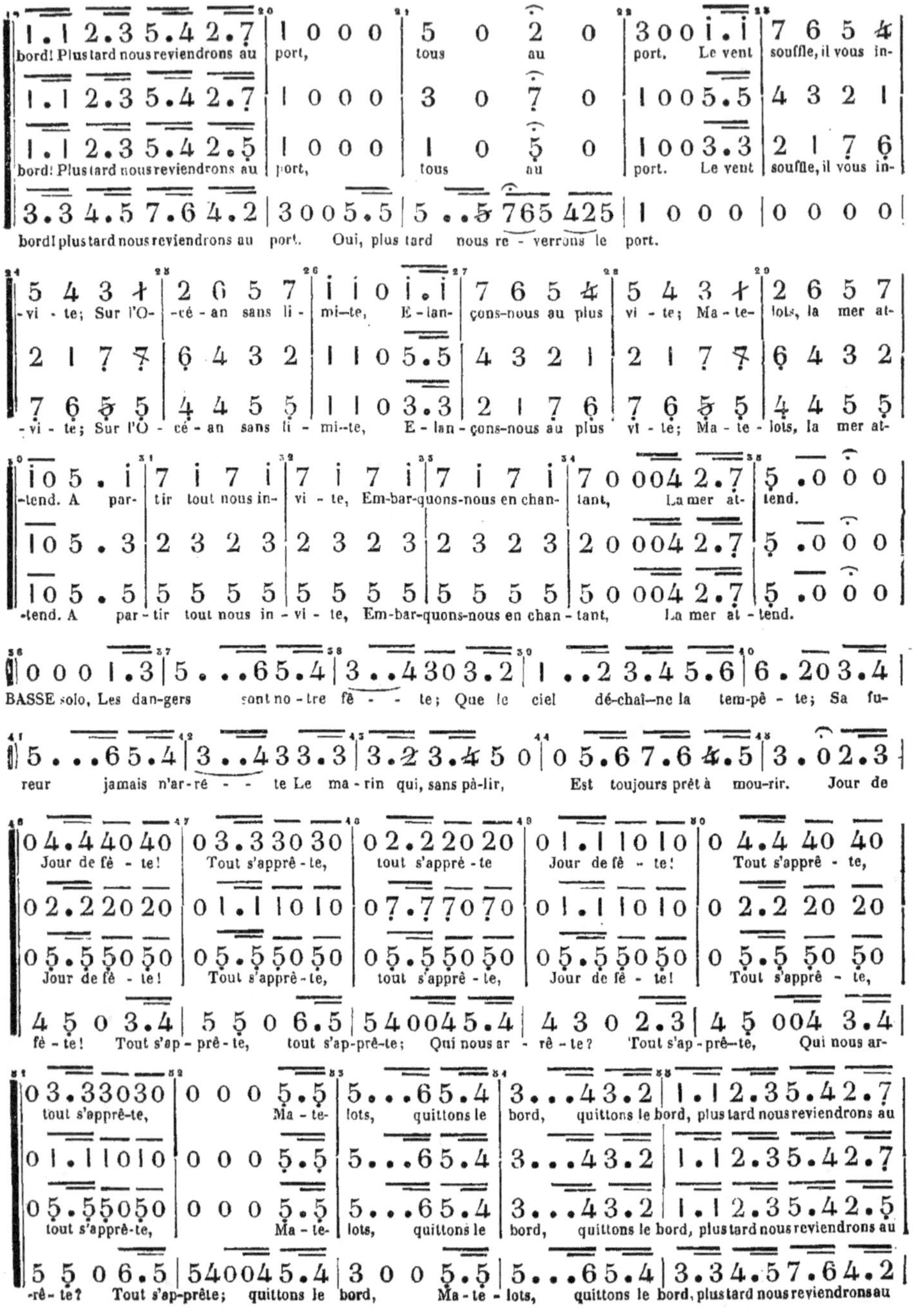

1 . 1 2 . 3 5 . 4 2 . 7 | 1 0 0 0 | 5 0 2 0 | 3 0 0 1 . 1 | 7 6 5 4
bord! Plus tard nous reviendrons au port,   tous   au   port. Le vent   souffle, il vous in-

1 . 1 2 . 3 5 . 4 2 . 7 | 1 0 0 0 | 3 0 7 0 | 1 0 0 5 . 5 | 4 3 2 1

1 . 1 2 . 3 5 . 4 2 . 5 | 1 0 0 0 | 1 0 5 0 | 1 0 0 3 . 3 | 2 1 7 6
bord! Plus tard nous reviendrons au port,   tous   au   port. Le vent   souffle, il vous in-

3 . 3 4 . 5 7 . 6 4 . 2 | 3 0 0 5 . 5 | 5 . . 5 7 6 5 4 2 5 | 1 0 0 0 | 0 0 0 0
bord! plus tard nous reviendrons au port.   Oui, plus tard   nous re - verrons le port.

5 4 3 4 | 2 6 5 7 | 1 1 0 1 . 1 | 7 6 5 4 | 5 4 3 4 | 2 6 5 7
-vi - te; Sur l'O- -cé - an sans li - mi-te, E-lan- çons-nous au plus vi - te; Ma- te- lots, la mer at-

2 1 7 7 | 6 4 3 2 | 1 1 0 5 . 5 | 4 3 2 1 | 2 1 7 7 | 6 4 3 2

7 6 5 5 | 4 4 5 5 | 1 1 0 3 . 3 | 2 1 7 6 | 7 6 5 5 | 4 4 5 5
-vi - te; Sur l'O- cé - an sans li - mi-te, E-lan- çons-nous au plus vi - te; Ma- te - lots, la mer at-

1 0 5 . 1 | 7 1 7 1 | 7 1 7 1 | 7 1 7 1 | 7 0 0 0 4 2 . 7 | 5 . 0 0 0
-tend. A par- tir tout nous in- vi - te, Em-bar-quons-nous en chan- tant,   La mer at- tend.

1 0 5 . 3 | 2 3 2 3 | 2 3 2 3 | 2 3 2 3 | 2 0 0 0 4 2 . 7 | 5 . 0 0 0

1 0 5 . 5 | 5 5 5 5 | 5 5 5 5 | 5 5 5 5 | 5 0 0 0 4 2 . 7 | 5 . 0 0 0
-tend. A par- tir tout nous in - vi - te, Em-bar-quons-nous en chan - tant,   La mer at -tend.

0 0 0 1 . 3 | 5 . . . 6 5 . 4 | 3 . . 4 3 0 3 . 2 | 1 . . 2 3 . 4 5 . 6 | 6 . 2 0 3 . 4
BASSE solo, Les dan-gers sont no-tre fê - - te; Que le ciel dé-chaî-ne la tem-pê - te; Sa fu-

5 . . . 6 5 . 4 | 3 . . 4 3 3 . 3 | 3 . 2 3 . 4 5 0 | 0 5 . 6 7 . 6 4 . 5 | 3 . 0 2 . 3
reur   jamais n'ar-ré - - te Le ma - rin qui, sans pâ-lir, Est toujours prêt à mou-rir. Jour de

0 4 . 4 4 0 4 0 | 0 3 . 3 3 0 3 0 | 0 2 . 2 2 0 2 0 | 0 1 . 1 1 0 1 0 | 0 4 . 4 4 0 4 0
Jour de fê - te!   Tout s'apprê - te,   tout s'apprê - te   Jour de fê - te!   Tout s'apprê - te,

0 2 . 2 2 0 2 0 | 0 1 . 1 1 0 1 0 | 0 7 . 7 7 0 7 0 | 0 1 . 1 1 0 1 0 | 0 2 . 2 2 0 2 0

0 5 . 5 5 0 5 0 | 0 5 . 5 5 0 5 0 | 0 5 . 5 5 0 5 0 | 0 5 . 5 5 0 5 0 | 0 5 . 5 5 0 5 0
Jour de fê - te!   Tout s'apprê - te,   tout s'apprê - te,   Jour de fê - te!   Tout s'apprê - te,

4 5 0 3 . 4 | 5 5 0 6 . 5 | 5 4 0 0 4 5 . 4 | 4 3 0 2 . 3 | 4 5 0 0 4 3 . 4
fê - te! Tout s'ap - prê-te, tout s'ap-prê-te; Qui nous ar - rê-te? Tout s'ap - prê-te, Qui nous ar-

0 3 . 3 3 0 3 0 | 0 0 0 5 . 5 | 5 . . . 6 5 . 4 | 3 . . . 4 3 . 2 | 1 . 1 2 . 3 5 . 4 2 . 7
tout s'apprê-te,   Ma - te- lots,   quittons le bord,   quittons le bord, plus tard nous reviendrons au

0 1 . 1 1 0 1 0 | 0 0 0 5 . 5 | 5 . . . 6 5 . 4 | 3 . . . 4 3 . 2 | 1 . 1 2 . 3 5 . 4 2 . 7

0 5 . 5 5 0 5 0 | 0 0 0 5 . 5 | 5 . . . 6 5 . 4 | 3 . . . 4 3 . 2 | 1 . 1 2 . 3 5 . 4 2 . 5
tout s'apprê-te,   Ma - te- lots,   quittons le bord,   quittons le bord, plus tard nous reviendrons au

5 5 0 6 . 5 | 5 4 0 0 4 5 . 4 | 3 0 0 5 . 5 | 5 . . . 6 5 . 4 | 3 . 3 4 . 5 7 . 6 4 . 2
-rê- te? Tout s'ap-prête; quittons le bord,   Ma - te - lots,   quittons le bord, plus tard nous reviendrons au

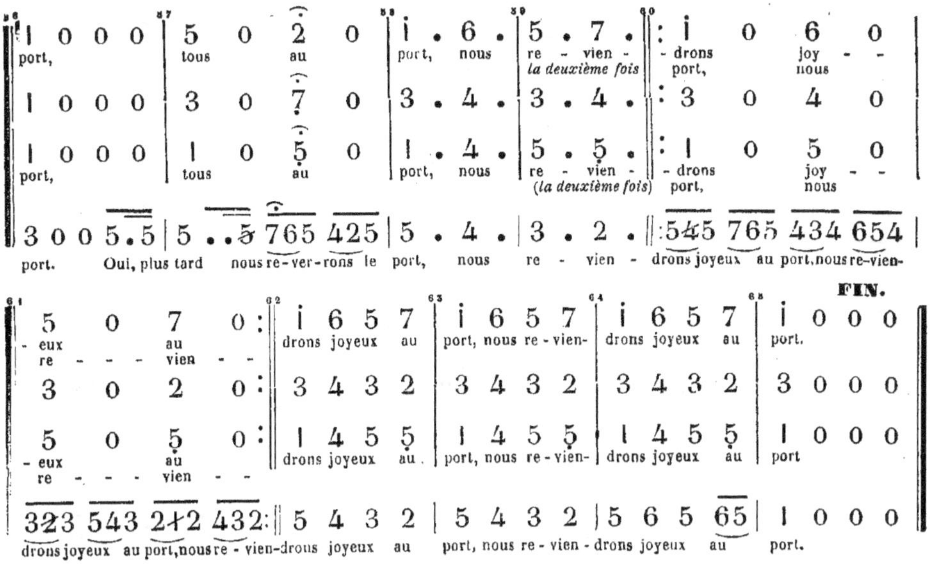

L'APPEL AU BAL!

1er chœur du final de la Perle du Brésil,

PAR FÉLICIEN DAVID.

N° 17

Ton de LA mineur. (*Allegro moderato.* M.M. 150.)

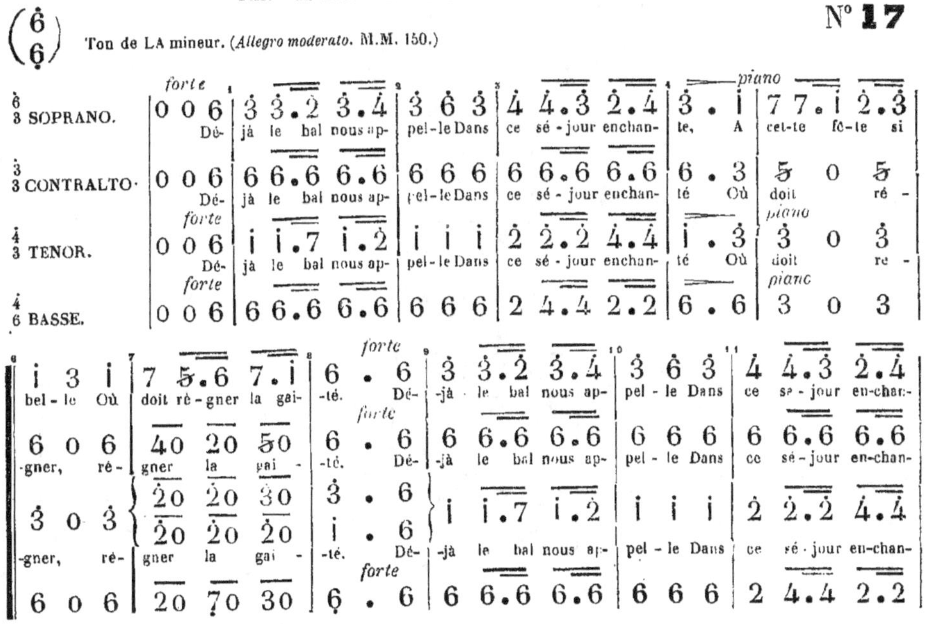

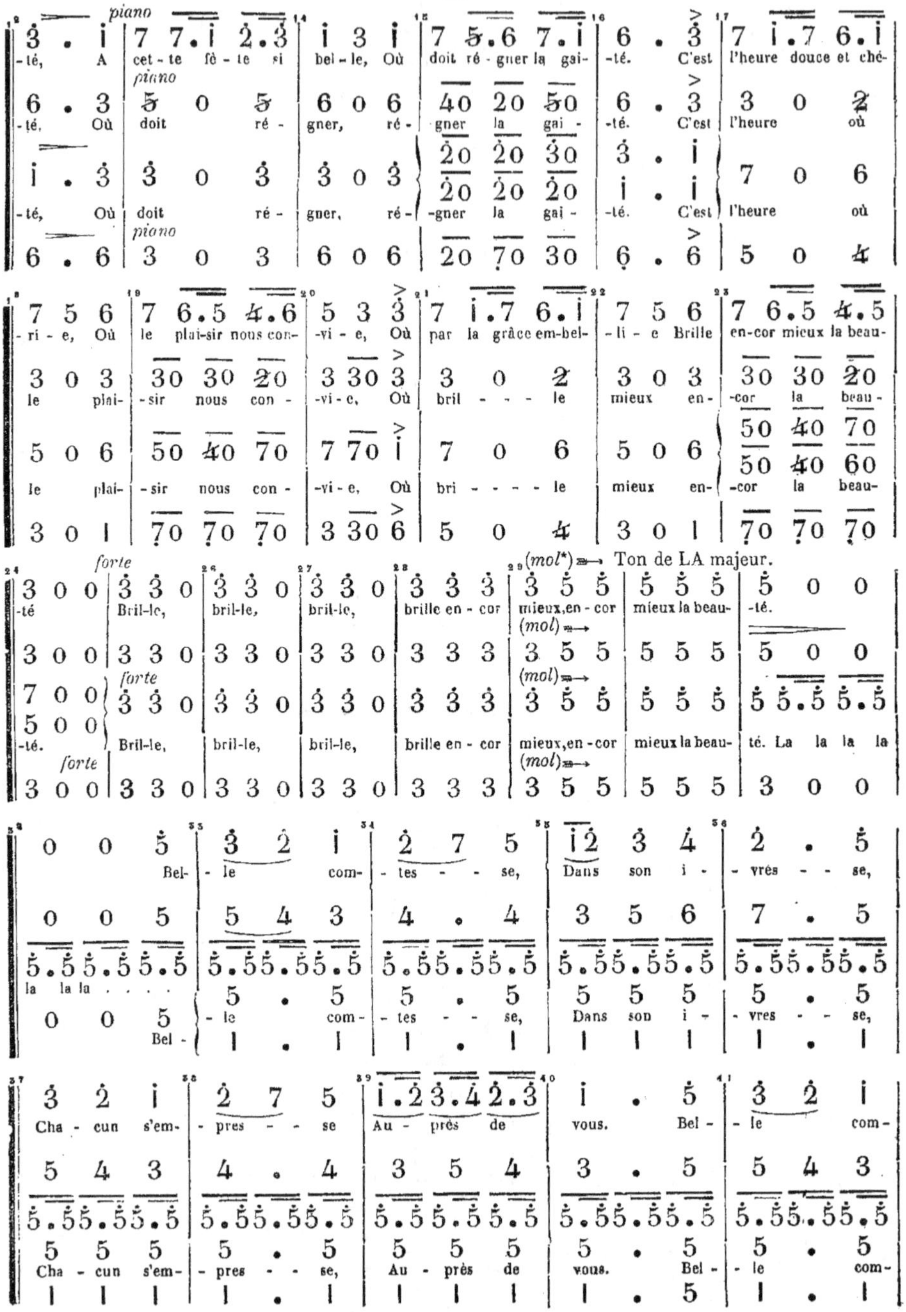

piano

-té, A cet-te fê-te si bel-le, Où doit ré-gner la gai- -té. C'est l'heure douce et ché-

piano

-té, Où doit ré - gner, ré - gner la gai - -té. C'est l'heure où

-té, Où doit ré - gner, ré - -gner la gai - -té. C'est l'heure où

piano

-ri - e, Où le plai-sir nous con- -vi - e, Où par la grâce em-bel- -li - e Brille en-cor mieux la beau-

le plai- -sir nous con - -vi - e, Où bril - - - le mieux en- -cor la beau -

le plai- -sir nous con - -vi - e, Où bri - - - le mieux en- -cor la beau-

forte

-té Bril-le, bril-le, bril-le, brille en - cor mieux,en - cor mieux la beau- -té.

(mol) ⟶ Ton de LA majeur.

forte

(mol) ⟶

-té. Bril-le, bril-le, bril-le, brille en - cor mieux,en - cor mieux la beau- té. La la la la

(mol) ⟶

forte

Bel- - le com- -tes - - se, Dans son i - -vrès - - se,

la la la . . . .

- le com- -tes - - se, Dans son i - -vres - - se,

Bel -

Cha - cun s'em- -pres - - se Au - près de vous. Bel - - le com-

Cha - cun s'em- - pres - - se, Au - près de vous. Bel - - le com-

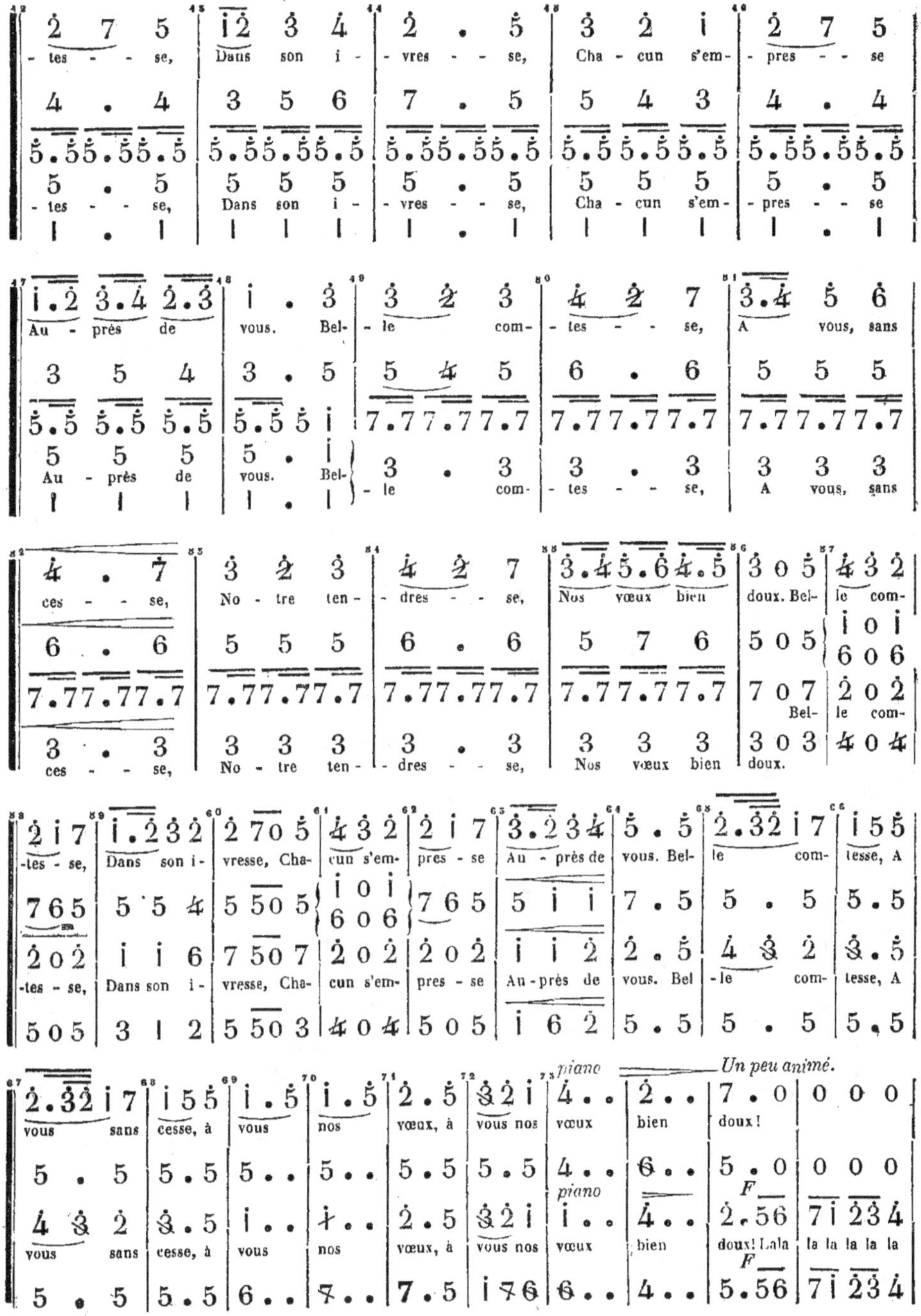

2 7 5 | 1̇2̇ 3 4 | 2̇ . 5̇ | 3 2̇ i̇ | 2̇ 7 5
-tes - - se, Dans son i - vres - - se, Cha - cun s'em - pres - - se
4 . 4 | 3 5 6 | 7 . 5 | 5 4 3 | 4 . 4
5̇.5̇5̇.5̇5̇.5̇ | 5̇.5̇5̇.5̇5̇.5̇ | 5̇.5̇5̇.5̇5̇.5̇ | 5̇.5̇5̇.5̇5̇.5̇ | 5̇.5̇5̇.5̇5̇.5̇
5 . 5 | 5 5 5 | 5 . 5 | 5 5 5 | 5 . 5
-tes - - se, Dans son i - vres - - se, Cha - cun s'em - pres - - se

i̇.2̇ 3̇.4 2̇.3 | i̇ . 3̇ | 3̇ 2̇ 3 | 4̇ 2̇ 7 | 3̇.4 5 6
Au - près de vous. Bel - le com - tes - - se, A vous, sans
3 5 4 | 3 . 5 | 5 4 5 | 6 . 6 | 5 5 5
5̇.5 5̇.5 5̇.5 | 5̇.5 5 i̇ | 7.77.77.7 | 7.77.77.7 | 7.77.77.7
5 5 5 | 5 . i̇ | 3 . 3 | 3 . 3 | 3 3 3
Au - près de vous. Bel - le com - tes - - se, A vous, sans

4̇ . 7̇ | 3̇ 2̇ 3̇ | 4̇ 2̇ 7 | 3.4̇5.6̇4̇.5 | 3 0 5 | 4̇ 3 2̇
ces - - se, No - tre ten - dres - - se, Nos vœux bien doux. Bel- le com-
6 . 6 | 5 5 5 | 6 . 6 | 5 7 6 | 5 0 5 | i̇ 0 i̇
 | | | | | 6 0 6
7.77.77.7 | 7.77.77.7 | 7.77.77.7 | 7.77.77.7 | 7 0 7 | 2̇ 0 2̇
3 . 3 | 3 3 3 | 3 . 3 | 3 3 3 | 3 0 3 | 4 0 4
ces - - se, No - tre ten - dres - - se, Nos vœux bien doux. Bel- le com-

2̇ i̇ 7 | i̇.2̇ 3 2 | 2̇ 7 0 5̇ | 4̇ 3 2̇ | 2̇ i̇ 7 | 3̇.2̇ 3 4̇ | 5̇ . 5̇ | 2̇.3̇2̇ i̇ 7 | i̇ 5 5̇
-tes - se, Dans son i- vresse, Cha- cun s'em- pres - se Au - près de vous. Bel- le com- tesse, A
7 6 5 | 5 5 4 | 5 5̇0 5 | i̇ 0 i̇ | 7 6 5 | 5 i̇ i̇ | 7 . 5 | 5 . 5 | 5 . 5
 | | | 6 0 6 | | | | |
2̇ 0 2̇ | i̇ i̇ 6 | 7 5̇0 7 | 2̇ 0 2̇ | 2̇ 0 2̇ | i̇ i̇ 2̇ | 2̇ . 5 | 4 3̇ 2̇ | 3̇ . 5
-tes - se, Dans son i- vresse, Cha- cun s'em- pres - se Au- près de vous. Bel -le com- tesse, A
5 0 5 | 3 i̇ 2 | 5 5̇0 3 | 4 0 4 | 5 0 5 | i̇ 6 2̇ | 5 . 5 | 5 . 5 | 5 . 5

piano ———— _Un peu animé._
2̇.3̇2̇ i̇ 7 | i̇ 5 5̇ | i̇ . 5 | i̇ . 5 | 2̇ . 5 | 3̇2̇ i̇ | 4̇ . . | 2̇ . . | 7 . 0 | 0 0 0
vous sans cesse, à vous nos vœux, à vous nos vœux bien doux!
5 . 5 | 5 . 5 | 5 . . | 5 . . | 5 . 5 | 5 . 5 | 4 . . | 6 . . | 5 . 0 | 0 0 0
piano | | | | | | | | _F_
4 3̇ 2̇ | 3̇ . 5 | i̇ . . | 4 . . | 2̇ . 5 | 3̇2̇ i̇ | i̇ . . | 4̇ . . | 2̇.5 6 | 7 i̇ 2̇3̇4
vous sans cesse, à vous nos vœux, à vous nos vœux bien doux! Lala la la la la la
 | | | | | | | | _F_
5 . 5 | 5 . 5 | 6 . . | 7 . . | 7 . 5 | i̇ 7 6 | 6 . . | 4 . . | 5.5 6 | 7 i̇ 2̇3̇4

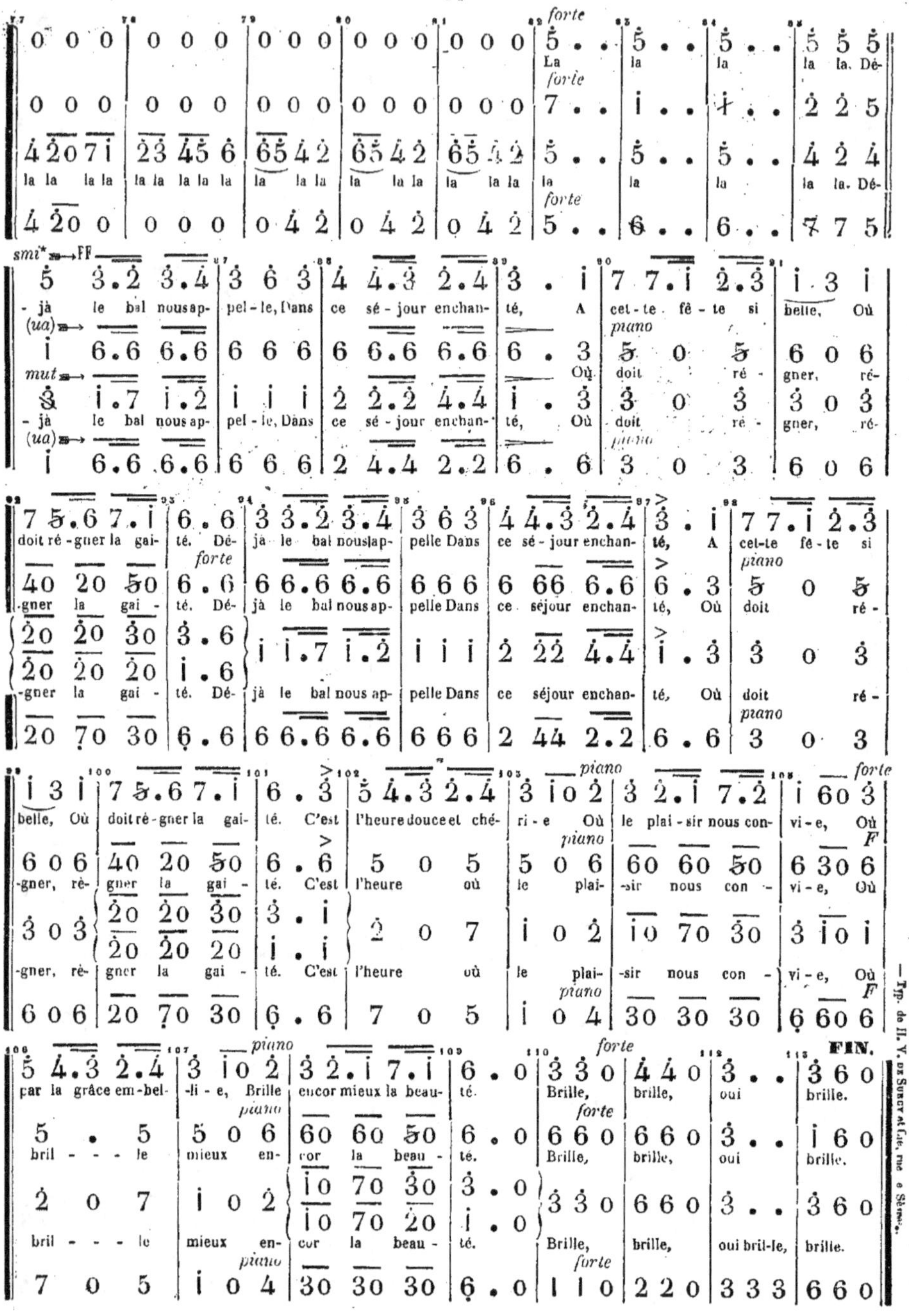

— Typ. de H. V. de Surcy et Cie, rue de Sèvres.

* 9 7 8 2 0 1 6 1 4 3 5 6 8 *